10대를 위한

직장의
세계

스토리텔링연구소 지음

1 ICT

(주)삼양미디어

머 리 말

"인간은 사회적 동물이다"라는 말을 한 사람이 아리스토텔레스(Aristoteles)라고 흔히 알고 있지만, 아리스토텔레스는 "인간은 정치적 동물(zoon politikon)이다"라고 말했습니다. 그러나 이 말 역시 결국 인간이 사회의 자식이며, 사회 공동체의 형성자라는 것을 뜻합니다.

사회적 동물(social animal)이란 인간이 개인으로서 존재하고 있어도 세상에 오직 혼자만 존재하는 것이 아니라, 끊임없이 타인과의 관계 속에 존재하고 있다는 생각에서 나온 용어입니다. 즉, 개인은 사회 없이는 존재할 수 없다는 것입니다.

앞서 만든 〈10대를 위한 직업의 세계 시리즈〉는 다양한 진로, 진학, 적성, 취향 검사 방법 중에서도 세계적으로 가장 큰 공신력을 가지고 있고 한국에서도 가장 많은 검사 장소(온·오프라인)를 보유하고 있는 홀랜드 기법의 권위와 보편성에 바탕을 두고 기획하고 집필·개발하였습니다.

홀랜드 기법을 통해 보편성에 내 적성을 맞춰보고, 또 오랫동안 살아남은 직업을 들여다보면서 내 진로를 택하는 것에는 큰 무리가 없습니다. 그러나 직업이란 것이 앞서 말한 것처럼 개별적으로 존재하는 가치나 독단적 행위나 방법이 아니라, 집단과 개인, 조직과 개인, 사회와 개인, 더 나아가서는 국가와 개인의 결합 구조를 가지고 있다는 점을 들여다봐야 합니다. 이 말은 내가 어떤 직업을 가지고 있다는 것은 유사한 직업의 또 다른 개인, 관련성 있는 직업의 또 다른 개인과 상호 접촉하는 교집합의 세계를 공유하고 있다는 말입니다.

결국 직업이란 경제적 목적과 자아 실현을 이루기 위해서 개인과 개인, 개인과 집단이 교집합을 이루고 상호 유기적으로 움직이는 사회생활의 방식입니다. 그래서 우리는 흔히 자신의 직업을 말할 때 "무슨 일을 한다"라고 말하기도 하지만, "어디에서 일한다"라고 말하기도 하는 것입니다.

하지만 지난 20년간의 청소년 진로 관련 책자 어디에서도 '어디에서 일한다'는 것을 근거로 책을 출간한 경우는 없었습니다. 해당 분야, 관련 분야, 대학의 학과 및 계열에 따른 분류가 있었지만, 어디에서 일한다는 직장을 근거로 한 책은 찾을 수 없었습니다.

〈직장의 세계〉는 여기에 방점을 두었습니다.

우리가 학교를 졸업하고 사회생활을 위해서 택하는 것은 직업이지만, 그 직업이 살아 움직이는 공간은 결국 직장입니다. 과거의 모든 직업과 진로 관련 책은 단지 어떤 나무가 되는 법에 대한 것만을 들여다보았지, 숲에서 한 그루의 나무로 살아가는 법을 알려주지는 못했습니다.

최근 인문학의 새로운 붐은 바로 이런 인간과 인간의 이해와 관계 설정에 대한 부족함과, 사회생활에서 만나는 개인과 집단의 불편함을 해결하려는 자연 발생적 기현상이라고 보아도 좋을 것입니다.

전작인 〈10대를 위한 직업의 세계〉가 결국 개인의 직업(業)이 가진 깊이에 대한 논의였다면, 이번에 제안하는 〈10대를 위한 직장의 세계〉는 그런 다양한 직업이 함께 어울려 살아가야 하는 넓이와 그물망 같은 연결의 시냅스, 곧 장(場)의 이해를 돕는 책이 될 것입니다.

– 스토리텔링연구소 〈이야기는 힘이 세다〉

차 • 례

ICT 산업 이야기

한국 및 세계의 유명 ICT 기업

ICT 기업의 탄생과 성장, 변화, 미래

우리가 만나는 ICT 관련 직업들

어떤 직업의 사람들이
ICT와 관련이 있을까?

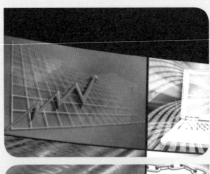

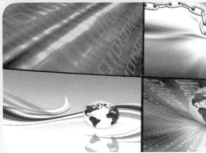
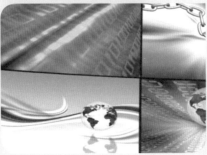

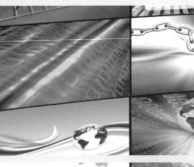

Company

ICT

I ICT 산업
이야기

01

ICT 산업 이야기

1. ICT란 무엇인가?

　　ICT(Information & Communication Technology)는 정보통신기술을 말한다. 정보기술과 통신기술을 합한 용어로, 컴퓨터를 기반으로 정보 및 정보 시스템을 제공하고 이용하는 기술이다. 컴퓨터, 모바일, 웨어러블 등의 정보 기기를 운영하고 관리하는 기술과 이러한 기술을 이용하여 정보를 만들고, 가공하고, 보존하고, 전달하고, 활용하는 등 정보화를 위해 필요한 모든 기술을 포괄하는 의미를 가진다.

　　하드웨어, 소프트웨어, 통신기술을 종합적으로 활용한 ICT는 자동화, 전산화, 시스템화를 위한 것이지만 크게는 정보사회 구축이 목표다. 이는 정보의 중요성이 높아지면서 정보를 빠르고 편리하게 주고받을 수 있는 정보통신기술의 발전이 사회 연결 및 발전을 이루는 데 큰 역할을 하고 있기 때문이다.

ICT 산업이 다른 분야보다 신성장동력으로 주목받는 이유는 새로운 디바이스를 이용하기 때문에 아이디어가 중요한 산업 분야이고, 아이디어로 승부하기 때문에 상대적으로 초기투자비용이 적게 드는 까닭이다. 글로벌 서비스로 확장 가능하다는 점도 한몫하고 있다. 최근 ICT 산업의 최대 이슈는 사물인터넷(IoT), 스마트카 시장, 모바일로 활성화되는 핀테크, 상업용 드론의 활용 본격화, 인공지능, 보안, 지능형 로봇, 배터리 시장, 모바일 헬스케어 시장 등을 들 수 있다.

2018년 ICT 산업 전망 콘퍼런스에서는 4차 산업혁명 시대에 맞춰 기대되는 ICT 산업 이슈를 발표하였다. 인공지능, 자율 주행차, 사이버 보안, 디지털 헬스케어, 증강현실, 스마트 팩토리, 핀테크, 블록체인, 5G가 순위에 올랐다. 작년과 비교했을 때 드론, 로봇과 생체인식은 제외되고, 핀테크와 5G가 순위에 올랐다.

ICT와 IT의 차이

ICT는 'Information & Communication Technology'의 약자로 정보기술과 통신기술을 합친 것이라 할 수 있고, IT는 'Information Technology'의 약자로 컴퓨터 하드웨어, 소프트웨어, 통신장비 관련 서비스와 부품을 생산하는 산업을 통칭한다. 주로 데이터에서 정보를 추출, 가공, 처리하는 기술을 뜻할 때가 많다.

개념적으로 보면 IT가 인터넷, 휴대전화 등에 사용되는 전반적인 기술을 가리키는 큰 개념이라면, ICT는 IT라는 큰 개념에서 통신(Communication)에 관련된 사업만을 지칭한다. 즉 IT 범주 내에서 통신 사업과 관련된 부분만을 지칭한다. 하지만 통신기술과 정보기술이 발달하면서 자연스레 상호 보완적으로 사용되어 왔다. 일상생활에서 ICT는 휴대폰(IT)으로 인터넷(Communication)이 되는 경우를 예로 들 수 있다.

ICT 산업의 구체적 예를 들면, 소셜 네트워크, 플랫폼, 모바일 콘텐츠, 스마트폰과 태블릿 PC용 앱, 클라우드, 전사적 모바일 프로그램, e-러닝, 원격수업 등이 있다.

(2) 세계 ICT 시장 전망

IT 산업 리서치 업체로 유명한 가트너(Gartner, Inc.)는 2018년 전세계 IT 지출이 지난해에 비해 4.5% 증가한 3조 7,000억 달러에 이를 것으로 전망했다. 가트너는 디지털 비즈니스, 블록체인, 사물인터넷(IoT)과 빅데이터에서 알고리즘, 머신러닝, 인공지능(AI) 등으로 나아가는 여러 프로젝트들이 성장을 견인하는 주된 동력으로 작용할 것이라고 설명했다.

2018년 전세계 소프트웨어 지출은 9.5% 증가하고, 2019년에는 8.4% 추가 성장해 총 4,210억 달러에 이르며, 기업용 소프트웨어는 꾸준히 성장 강세를 이어 나갈 것으로 전망된다. 디바이스 부문은 2017년 2년 만에 처음으로 5.7% 성장세를 기록했으며, 2018년에는 5.6% 성장할 것으로 예측된다. 모바일 폰 판매 수량은 줄어들 전망이지만 평균 판매 가격이 점차 상승하면서 최종 사용자의 모바일 폰 지출은 소폭 상승할 것으로 나타났다. PC의 경우 윈도우 10 마이그레이션으로 중국, 라틴 아메리카, 동유럽 비즈니스 시장의 성장 호조가 예상되나, 2018년 전반적인 성장은 저조할 것으로 보인다.

가트너가 향후 몇 년간 지출을 주도할 몇몇 주요 분야를 살펴본 결과, 2021년까지 AI로 생성되는 새로운 비즈니스 가치 기회가 2조 9,000억 달러에 이를 것으로 전망했다. 한편 가트너가 밝힌 한국의 부문별 IT 지출 전망은 다음과 같다.

한국 부문별 IT 지원 전망 (단위: 백만 원)

부문	2017년 지출	2018년 지출	2019년 지출
데이터센터 시스템	2,783,045	2,808,116	2,721,660
소프트웨어	4,962,257	5,389,930	5,852,436
디바이스	17,123,760	17,478,500	17,122,608
IT 서비스	17,389,114	17,637,161	17,916,933
통신 서비스	36,961,206	38,217,353	39,548,801
최종 사용자 IT 지출 총계	79,219,331	81,531,060	83,162,437

※ 출처: 가트너(2018년 1월)
※ 주: 2018년 한국의 전체 IT 제품과 서비스에 대한 지출 규모는 2.9% 성장한 81조 5,000억원 이상 이를 것으로 내다봤다.

(3) 2018년 10대 전략 기술 트렌드

시장조사기관인 가트너(Gartner)는 해마다 세계에 폭넓은 영향력을 미치거나 향후 5년 내에 정점에 달할 잠재력을 가진 전략 기술을 선정하여 '10대 전략 기술 트렌드'란 이름으로 발표하고 있다. 가트너가 말하는 '전략 기술 트렌드'란, 이제 막 도입 단계를 벗어나 영향력과 용도가 확대되고 있는 엄청난 혁신 잠재력을 갖춘 걸 의미하거나, 향후 5년 내에 전환점에 도달하게 될 높은 수준의 변동성을 지닌 빠르게 성장하는 내용들을 의미한다. 가트너는 2017년 10개의 기술부터 지능(intelligent), 디지털(Digital), 메시(Mesh)라는 3개의 큰 카테고리를 정했다. 그리고 각 영역별로 기술들을 선정하고 있다.

[참고]
- **인텔리전트**: 인공지능(AI)이 거의 모든 기술에 스며들어 있으며 잘 정의된 초점을 통해 동적인, 유연하고 잠재적인 자율 시스템을 허용.
- **디지털**: 가상 세계와 실제 세계를 융합하여 몰입형 디지털 방식으로 향상되고 연결된 환경을 조성.
- **메쉬(Mesh)**: 디지털 결과를 제공하기 위한 확장된 인물과 비즈니스, 장치, 콘텐츠와 서비스 간의 연결.

구분	명칭	내용
지능	1. 인공지능 강화 시스템 (AI Foundations)	- 최소 2020년까지 자율적으로 학습, 적응, 행동하는 시스템은 업체 간 가장 심한 각축전이 벌어질 분야일 것으로 예상 - 적용분야: 로봇, 자율주행자동차, 가전기기 등 물리적 디바이스와 가상개인비서, 스마트 어드바이스 등 지능형 앱은 물론 다양한 메시 디바이스 등
	2. 지능형 앱·분석 (Intelligent Apps and Analytics)	- 향후 몇 년간 모든 애플리케이션, 서비스들이 일정 수준의 AI를 포함하게 될 것으로 예상 - 지능형 앱은 인간과 시스템 간 새로운 지능적 매개층을 형성할 것이며, 업무 본질과 현장 구조를 변화시킬 잠재력을 가진다. - 적용분야: 향후 몇 년 내의 부분의 앱, 애플리케이션, 서비스
	3. 지능형 사물 (Intelligent Things)	- 지능형 사물은 융통성 없는 프로그래밍 모델의 실력을 넘어 AI를 통한 고급 기능을 선보이며 인간, 주변 환경과 한층 자연스러운 상호 작용을 하는 사물을 의미 - 적용분야 : 자율주행차, 로봇, 드론 등 새로운 지능형 사물과 IoT나 연결형 소비자, 산업 시스템 등 수많은 사물의 역량
디지털	4. 디지털 트윈 (Digital Twin)	- 디지털 트윈은 '현실 세계에 존재하는 대상이나 시스템의 디지털 버전'을 말함. 디지털 트윈은 향후 3~5년간 특히 IoT 프로젝트에서 유망할 것으로 예상 - 체계적으로 설계된 디지털 트윈은 기업 의사 결정을 대폭 향상시킴. 또한 현실 세계에 존재하는 실제 모델과 연결돼 물체나 시스템의 현 상태 이해와 변화 대응, 운영 개선, 가치 증진에 활용 - 적용분야: 장비 서비스에 대한 능동적인 수리 및 계획 수립 및 제조 공정 계획, 공장 가동, 장비 고장 예측, 운영 효율성 향상, 개선된 제품 개발 등
	5. 클라우드에서 에지로 (Cloud to the Edge)	- 에지 컴퓨팅은 정보 처리와 콘텐츠 수집, 전달이 해당 정보 소스와 인접한 곳에서 처리되는 컴퓨팅 토폴로지(topology) - 연결과 대기 시간 문제, 대역폭 제약과 에지에 내장된 다양한 기능 차원에서는 분산 모델이 유리 - 적용분야 : 인프라 아키텍처 내, 특히 주요 IoT 패턴 설계
	6. 대화형 플랫폼 (Conversational Platforms)	- 대화형 플랫폼은 디지털 세계와 인간 상호작용 방식 간 차세대 패러다임 전환을 야기할 것으로 예측. 해석 역할은 인간이 아닌 컴퓨터의 몫 - 적용분야 : 전통적인 데스크톱 컴퓨터와 모바일 기기를 뛰어넘어 사람과 소통할 수 있는 광범위한 디바이스에 적용될 전망
	7. 몰입 경험 (Immersive Experience)	- 대화형 인터페이스가 인간의 디지털 제어 방식을 변화시킨다면, 가상·증강·혼합 현실은 인간의 디지털 인식과 상호작용 방식을 변화시키고 있음. 가상현실(VR)과 증강현실(AR) 시장은 현재 성장기인 동시에 해체되는 중임. 이에 대한 높은 관심은 고급 엔터테인먼트 기능은 뛰어나지만, 실질적 비즈니스 가치는 떨어지는 새로운 VR 애플리케이션(예: 비디오 게임, 360도 회전 비디오 등)의 등장으로 이어짐 - 적용분야 : 모바일, 웨어러블, 사물인터넷(IoT) 등

	8. 블록체인 (Blockchain)	• 블록체인은 디지털 통화 인프라에서 디지털 혁신 플랫폼으로 진화 중임. 이는 현재의 중앙 집중 거래 방식과 기록 관리 메커니즘을 탈피할 수 있는 기존 기업과 스타트업을 위한 혁신적 디지털 비즈니스(distruptive digital business)의 기초 토대를 제공 • 적용분야: 음원 유통, 신원 확인, 타이틀 등록 및 공급망과 정부 · 보건 · 제조 · 신원 확인 · 소유권 등록 등
메시	9. 이벤트 기반 모델 (Event-Driven)	• 디지털 비즈니스의 핵심은 매 순간 이벤트를 감지하고, 매 순간을 활용하는 것임. 비즈니스 이벤트는 상품 구매 주문과 완료, 항공기 이착륙 등 주목할 만한 상태나 그 변화를 발견해 디지털적으로 반영될 수 있는 모든 것임 • 이벤트 브로커, IoT, 클라우드 컴퓨팅, AI 등을 활용해 신속히 추적하고 자세히 분석할 수 있음 • 적용분야: 쇼핑몰, 항공기 이착륙 관리 서비스 등 주목할 만한 상태나 그 변화를 발견해 디지털적으로 반영하는 모든 서비스
	10. 지속적이고 적응할 수 있는 리스크 및 신뢰 평가(CARTA) 접근법 (Continuous Adaptive Risk and Trust)	• 한층 정교한 타깃 공격이 가능해진 세상에서 디지털 비즈니스 이니셔티브를 안전하게 추진할 수 있도록, 보안과 리스크 관리 담당자는 적응 가능한 대응으로 실시간적이고 위협과 신뢰 기반의 의사 결정을 하기 위한 지속적이며 적응할 수 있는 리스크 및 신뢰 평가(CARTA) 접근법을 택해야 함. 보안 인프라는 디지털 비즈니스와 같은 속도로 움직이는 보안 제공을 통한 기회 포착과 위험 관리를 위해 어디서든 적응 가능해야 함 • 적용분야: 보안과 리스크 관리

※ 출처: The Gartner Top 10 Strategic Technology Trends for 2018

한편 지난 2017년 11월 2일에 과학기술정보통신부가 주최한 '2018 ICT 산업전망컨 퍼런스'에서 정보통신기술진흥센터측은 'ICT 10대 이슈'를 발표했다. ICT 10대 이슈는 2008년부터 시작되었으며, 앞으로 전개될 미래에 선제적으로 대비하기 위해 매년 진행 되고 있다.

ITC 10대 이슈 비교: 2017 vs. 2018

2017년 ICT 10대 이슈		2018년 ICT 10대 이슈
자율주행차/ 커넥티드카	1	인공지능
가상현실/ 증강현실	2	자율주행차
스마트 팩토리	3	사물인터넷
디지털 헬스케어	4	사이버보안
드론/ 로봇	5	디지털 헬스케어
사물인터넷	6	증강현실
생체인식	7	스마트 팩토리
인공지능	8	핀테크
블록체인	9	블록체인
사이버보안	10	5G

2018년 ICT 10대 이슈로는 1위 AI, 2위로 자율주행차, 3위 사물인터넷, 4위 사이 버보안, 5위 디지털헬스케어, 6위 증강현실, 7위 스마트팩토리, 8위 핀테크, 9위 블록

체인, 10위 5G가 선정됐다. 정보통신기술진흥센터 측은 1위를 차지한 AI에 대해 인공지능과 증강현실이 결합해 다양한 사회 분야로 확대될 것이라고 내다봤다.

(4) 우리나라의 ICT 발전지수

바야흐로 정보통신기술(ICT) 시대다. 우리나라는 IT, 정보기술 부문에서 많은 발전을 이뤄 2015년 세계 ICT 발전지수에서 1위를 기록했다. 꾸준히 확대되는 세계 ICT 시장의 성장세 속에서도 우리나라가 속한 아시아 · 태평양 지역의 성장세가 눈에 띈다. 앞으로 ICT 통합 시스템을 통한 컴퓨터 네트워크와 통신망을 병합하여 크나큰 경제적 효과를 기대할 수 있을 것이다. 국제전기통신연합(ITU, International Telecommunication Union)이 발표한 2014~2015년 'ITU ICT 발전지수 통계표'를 살펴보면 우리나라의 ICT 관련 현황을 잘 알 수 있다. 평가는 전년도 통계를 기준으로 했다(예: 2015년 평가는 2014년 통계기준).

2015년 우리나라 ICT의 발전지수는 167개국 중 종합 1위를 차지했다. 부문별로 상세하게 살펴보면 ICT 활용 능력이 2위, 이용도가 2위이다. 이에 비해 접근성은 컴퓨터 보유가구 비율의 하락으로 9위를 차지했다. 향후 전망 및 대책으로는 ICT 접근성 제고, 인프라 개선, 활용도 확산 등을 위한 정책을 지속적으로 추진해야 할 것으로 보인다. 2017년에는 아쉽게도 우리나라가 아이슬란드에 1위 자리를 물려주고, 2위를 하였지만, 여전히 IT 강국으로 ICT 활용 능력에서는 2위, ICT(이용도)에서는 4위, ICT 접근성(7위) 부문에서도 상위권을 기록하였다.

평가 부문	2015	
	순위	점수
인터넷 접속 가구 비율	1	98.50
ICT 발전지수(종합)	1	8.93
ICT 활용 능력	2	9.82
고등 교육 기관 총 취학률	2	98.40
인구 100명당 유선전화 회선 수	4	59.50
ICT 이용도	4	8.42
인구 100명당 유선 초고속 인터넷 가입 건수	6	38.80
ICT 접근성	9	9.00
인구 100명당 무선 초고속 인터넷 가입 건수	13	108.60
인터넷 이용자 비율	15	87.90
성인 문해율	22	99.00
컴퓨터 보유 가구 비율	37	78.30
중등 교육 기관 총 취학률	54	97.20
인구 100명당 이동전화 가입 건수	71	115.50
인터넷 이용자 대비 국제 인터넷 대역폭	71	43,358.00

※ 출처: 2015년 국제전기통신연합 정보사회측정 보고서(ITU Measuring the Information Society 2015)

순위	국가명	순위	국가명	순위	국가명
1	아이슬란드	6	홍콩	11	스웨덴
2	한국	7	네덜란드	12	독일
3	스위스	8	노르웨이	14	호주
4	독일	9	룩셈부르크	15	프랑스
5	영국	10	일본	16	미국

※ 출처: 2017년 중앙일보, 2017. 12. 05

❶ **지표 개념:** ICT 발전지수란, 국제전기통신연합(ITU)에서 전 세계 나라의 정보 통신 발전 정도와 국가 간 정보 격차를 종합적으로 나타내는 지수이다. 그리고 IT 통계(8개, ITU 통계)와 비 IT 통계(3개, UNESCO 통계)를 기반으로 국가별 ICT 발전 정도를 비교 및 평가한다.

평가 대상 국가는 2011년 152개국, 2012년 155개국, 2013년 157개국, 2014년 166개국, 2015년 167개국으로 늘어났다. 주목할 점은 우리나라가 ITU에서 2014년을 제외하고는 줄곧 종합 1위와 2위를 차지했다. 2017년 우리나라는 176개국 중 2위를 차지했다.

❷ **평가 체계:** ICT 접근성, 이용도, 활용 능력의 세 가지를 평가한다. 접근성은 인구 100명 당 유선전화 가입 건수, 인구 100명당 이동전화 가입 건수, 인터넷 이용자 대비 국제 인터넷 대역폭, 컴퓨터 보유 가구 비율, 인터넷 접속 가구 비율을 평가한다.

이용도는 인터넷 이용자 비율, 인구 100명 당 유선 초고속 인터넷 가입 건수, 인구 100명당 무선 초고속 인터넷 가입 건수를 평가한다. 활용 능력은 중등 교육 기관 총 취학률, 고등 교육 기관 총 취학률, 성인 문해율을 평가한다.

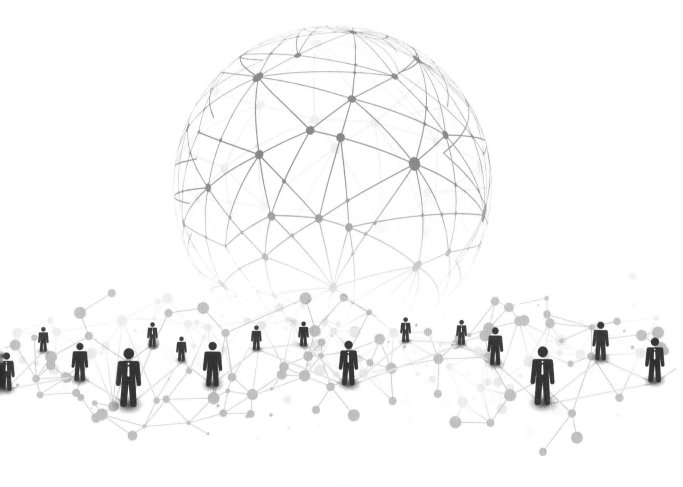

세계적으로 유명한 ICT 기업은 어디일까? 바로 아이폰으로 유명한 미국의 애플이다. 이와 함께 윈도와 익스플로러로 유명한 마이크로소프트가 그 뒤를 따르고 있다. 전 세계 시장에서 우리나라 기업의 위상도 높은 편인데 삼성, LG, SK도 그 명성을 떨치고 있다. 한편 미국의 뒤를 바짝 추격하는 중국의 알리바바도 무시할 수 없는 규모로 커가고 있다. 유명 ICT 기업들이 어떻게 성장했는자를 알아가면서 ICT 산업에 대한 호기심을 해결해 보자.

Company

ICT

II
한국 및
세계의 유명
ICT 기업

01

글로벌 ICT 기업

2010년대 이후 애플(시가총액 1위)과 알파벳(구글의 지주회사) 등이 ICT 상위 기업으로 우뚝 섰다. 'ICT 의 플랫폼화'를 통한 타 산업과의 융합 확산은 성장 둔화세에 접어든 글로벌 ICT 산업의 새로운 블루오션으로 등장하였다. 지금은 경쟁력 있는 플랫폼 기반을 갖춘 기업이 세계 ICT 산업의 새로운 강자로 부상하며 성장을 주도하고 있다.

ICT 기업들의 시가총액을 보면, 여전히 애플이 1위이며, 삼성은 18위에 있다. 국내 기업으로 20위 안에 든 업체는 삼성전자가 유일하다.

현재 순위	이름	업종	국적	거래소	현재 시총 (18. 2. 2. 십억달러)	전년 시총 (17. 2. 2. 십억달러)	전년 순위
1	애플	전자기기	미국	NASDAQ	814,38	674,36	1
2	알파벳	소프트웨어	미국	NASDAQ	774,90	558,35	2
3	마이크로소프트	소프트웨어	미국	NASDAQ	706,69	488,15	3
4	아마존	전자상거래	미국	NASDAQ	692,25	399,12	5
5	페이스북	인터넷	미국	NASDAQ	557,43	378,02	6
6	텐센트	인터넷	중국	HKEX	549,44	250,62	14
7	버크셔해더웨이	투자회사	미국	NYSE	516,43	401,83	4
8	알리바바	전자상거래	중국	NYSE	479,73	251,62	13
9	중국공상은행	금융서비스	중국	SSE	407,19	235,46	16
10	JP모건체이스	금융서비스	미국	NYSE	396,52	302,69	9
11	존슨&존슨	제약	미국	NYSE	369,88	306,97	8
⋮							
18	삼성전자	반도체	한국	KRX	283,11	242,39	15

※ 자료: 한국거래소(2018)

한편 한국경제연구원(한경연)이 2008년과 2018년 글로벌 시가총액 500대 기업을 집계해 분석한 결과 2008년 에너지, 소재, 산업재에서 2018년 IT, 경기소비재, 헬스케어 순으로 변화하고 있음을 알 수 있다. 특히 IT 산업은 시가총액이 4배 이상 증가하며 금융 산업과 시가총액 격차를 크게 줄였다. 2018년 시가총액 상위 산업은 4차 산업혁명 시대의 핵심 산업이라는 공통점이 있음을 알 수 있으며, 급변하는 시대의 흐름에 적응하고 미래 먹거리를 찾는데 성공한 기업들이 세계 상위권으로 올라섰음을 알 수 있다.

2008년		2018년	
순위	기업명	순위	기업명
1	페트로차이나	1	애플
2	엑손모빙	2	알파벳
3	GE	3	아마존
4	중국이동통신	4	마이크로소프트
5	마이크로소프트	5	텐센트
6	중국공상은행	6	페이스북
7	페트로브라스	7	버크셔해서웨이
8	로얄더치셸	8	알리바바
9	AT&T	9	JP 모건
10	P&G	10	존슨&존슨

※ 출처: 한경연

● 애플 창업 당시 스티브 잡스와 스티브 워즈니악

1. 글로벌 ICT 1위 기업, 애플

(1) ICT 세계 1위 기업 애플의 시작

사과 열매 로고로 유명한 ICT 세계 1위 기업 애플은 개인용 컴퓨터의 대중화에 앞장서며 성공 신화를 이루었다. 애플은 1976년 미국 캘리포니아주에서 스티브 잡스와 동업자인 스티브 워즈니악이 설립한 개인용 컴퓨터 제조회사이다. 애플이라는 회사 이름은 잡스가 선불교 수행을 위해 찾았던 사과 과수원에서 따온 것이었다.

(2) 개인용 컴퓨터, 애플 시리즈의 탄생과 성장

두 천재는 초기에는 가격, 성능, 편의성 측면에서 소비자를 만족시킬 컴퓨터를 개발하는 데 주력했다. 로널드 웨인을 포함한 3명이 본격적인 컴퓨터를 생산하기 시작했고, 그렇게 첫 컴퓨터인 '애플Ⅰ'을 판매하기 시작했다. 애플Ⅰ은 200여 대가 판매되었다. 어느 정도 이윤을 냈던 애플Ⅰ에 이어 애플Ⅱ를 개발하였고, 1977년 마이클 마쿨라에게 9만 1,000달러의 거액을 투자받았고, 마이클 스코트를 영입해 CEO로 취임시켜 애플은 법인 체계를 갖추기 시작하였다. 애플Ⅱ는 워즈니악의 컴퓨터 기술과 잡스의 디자인 능력이 더해져 세련되고 새로운 기능과 성능이 더해진 컴퓨터였다. 애플Ⅱ는 첫해에는 600대 정도를 파는 데 그쳤지만 해를 거듭할수록 판매량이 급증하였다. 1980년 주식시장에 상장되었으나 후속으로 개발된 애플Ⅲ이 실패하면서 어려움을 겪게 되었다. 그러나 애플Ⅱ의 지속적인 판매 신장으로 회사의 실적은 꾸준히 증가하여 1982년에는 매출 10억 달러를 달성하였다.

(3) 매킨토시 개발과 실패

1983년 스티브 잡스의 딸 이름에서 따온 '리사'라는 컴퓨터를 개발하였으나 막대한 개발비에 비해 시장에서는 좋은 반응을 얻지 못했고 1986년 판매를 중지하였다. 이 때문에 애플 내부 경영진과 엔지니어 간에 갈등이 깊어졌고 펩시콜라 출신의 존 스컬리가 CEO로 취임하였다. 거기다가 1984년에 내놓은 매킨토시(일명 '맥 Mac') 시리즈가 시장에서 외면을 받았다. 매킨토시는 애플 고유의 운영 체제를 기반으로 한 32bit 컴퓨터로, 사용자가 전체 퍼스널 컴퓨터(PC) 사용자의 5%에 지나지 않았고 그래픽 디자이너, 전자출판에 종사하는 사람들이 주로 사용하는 컴퓨터가 되고 말았다.

(4) 잡스가 떠난 애플

1985년 거대 회사인 아이비엠(IBM)에서 개인용 컴퓨터를 만들면서부터 애플의 경영 사정은 더욱 어려워졌다. 스티브 잡스는 경영 실패와 판매 부진의 책임을 지고 회사를 떠났고, 존 스컬리가 최고 의사결정권자가 되었다. 존 스컬리는 매킨토시에 사용된 기술을 빌 게이츠에게 라이선스해 주었고, 윈도 운영 체제는 이를 바탕으로 그래픽 기반의 윈도 3.0으로 개발되었다. 그리고 휴대용 컴퓨터인 포터블 컴퓨터를 개발하였다. 포터블 컴퓨터는 작은 크기에 강력한 성능을 가지고 있었으며 마우스 대신 트랙볼을 상용하는 획기적인 제품이었다. 하지만 무게가 7kg이 넘어 휴대하여 사용하기에 너무 무거웠다. 애플은 포터블을 시장에 내놓았으나 다시 실패하였고 1991년 노트북의 일종인 파워북(Power Book)을 개발하여 첫해 100만 대 이상 판매하였다.

(5) 애플의 저조한 실적

존 스컬리는 다른 주력 상품이 필요하다고 느껴 세계 최초의 PDA '뉴턴'을 개발하여 판매하였다. 뉴턴은 판매량은 많지 않았지만 개인형 컴퓨터의 새로운 가능성을 보여 준 제품이었다. 하지만 실적이 저조하여 1993년 존 스컬리가 해임되고 마이클 스핀들러가 CEO로 임명되었다. 마이클 스핀들러는 그동안 공개하지 않았던 애플의 OS를 공개하여 라이선스를 제공하였고 매킨토시가 호환시장에 내놓았다. 하지만 애플의 실적은 더욱 나빠졌고 1996년에는 6,900만 달러의 적자를 기록하였다. 이 때문에 마이클 스핀들러가 사임하였으며 구조조정을 통해 많은 직원이 해고되었다. 길 아멜리오가 새로운 CEO로 임명되었으나 그도 다음 해 실적 부진에 대한 책임을 이유로 해고되었다.

(6) 잡스의 복귀와 아이팟의 폭발적인 인기

1997년 넥스트스텝(NeXSTEP) 운영 체제로 새로운 사업을 하던 스티브 잡스가 애플의 고문으로 복귀했으며 곧 임시 CEO를 맡게 되었다. 스티브 잡스는 직원과 제품의 수를 대폭 줄인 다음 핵심 사업에만 전력을 다했고, 그 결과 애플은 1998년부터 다시 성장의 길로 돌아서게 되었다. 애플은 속이 들여다보이는 파스텔 톤의 컴퓨터 '아이맥'을 내놓으면서 예전의 인기를 완전히 회복했고, 잡스가 CEO로 복귀한 2년 동안 애플의 자본은 20억 달러에서 160억 달러로 증가했다.

애플의 실적 개선에 힘입어 2000년에 스티브 잡스는 정식 CEO에 취임하였다. 한층 여유로워진 스티브 잡스는 새로운 미디어인 인터넷과 접목한 제품 개발에 눈을 돌렸으며 그 대상은 음악이었다. 아이튠스 개발에 이어 아이팟(iPod)이라는 MP3플레이어를 개발하여 세계적인 히트 상품 반열에 올려놓았다.

(7) 스마트폰의 대명사, 아이폰 개발

2004년 스티브 잡스의 건강이 악화되어 췌장암 수술을 받았지만 회복되어 경영에 참가하였고 맥북(MacBook)과 아이맥(iMac) 시리즈를 개발하여 시장에서 좋은 반응을 얻었다.

아이팟의 성공으로 애플은 이제 주력 상품으로 휴대용 IT 기기에 주력하고자 노력하였다. 2007년에는 아이폰(iPhone)을 발표하여 통신업계 전반을 뒤흔들어 놓았고, 문화적인 파급 효과도 낳았다. 아이폰은 2010년까지 약 6,000만 대가 판매되어 전 세계에서 가장 유명한 제품이 되었다. 또한 아이폰으로 소프트웨어를 구입하고 직접 다운받을 수 있는 앱스토어(App Store) 서비스를 시작하였다. 전 세계 누구나 자유롭게 소프트웨어를 개발하고 앱스토어에 등록하여 판매할 수 있게 된 것이다. 수십만 개의 애플리케이션이 등록되었고 전 세계인들이 수십억 회를 다운로드하였다.

(8) 혁신적인 태블릿 PC, 아이패드의 성장

2010년에는 아이패드라는 태블릿 컴퓨터를 발표하면서 태블릿 컴퓨터 시대를 열었고 80일 만에 300만 대를 판매하는 기록을 수립하였다. 애플사의 시가 총액은 2,220억 달러(2010년 기준)를 기록하여 빌 게이츠의 마이크로소프트를 앞질렀다.

그러나 성공 가도를 달리던 스티브 잡스는 췌장암이 악화되어 2011년 8월 애플 CEO직을 사임했고, 사임 후 두 달이 채 지나지 않은 10월에 56세로 세상을 떠났다. 그러나 스티브 잡스의 죽음 이후로도 애플은 여전히 세계 1위를 고수하고 있다.

2. 마이크로소프트

(1) 빌 게이츠와 MS-DOS 개발

마이크로소프트는 1975년 빌 게이츠가 친구 폴 앨런과 함께 설립한 컴퓨터 기기용 소프트웨어 및 하드웨어를 개발·판매하는 기업이다. 주요 사업 분야는 윈도 운영 체제, 윈도 서버 시스템, 온라인 서비스, 비즈니스용 소프트웨어, 엔터테인먼트 및 모바일 디비전 등이다.

◀ 마이크로소프트의
공동 창립자인 빌 게이츠와
폴 앨런이 함께한 모습
(1981년)

빌 게이츠는 중학교 시절부터 컴퓨터에 관심을 가지게 되었고, 15세 때 같은 반 친구인 폴 앨런과 함께 소프트웨어 회사를 설립했다. 1973년 하버드 대학교 법학과에 입학한 빌 게이츠는 1975년 폴 앨런과 함께 시장에 막 등장한 개인용 컴퓨터 프로그램을 만들기 시작했고, 그 해에 하버드 대학교를 그만두고 뉴멕시코주 앨버커키에서 자본금 1,500달러로 마이크로소프트를 공동 설립했다. 1981년 당시 세계 최대의 컴퓨터 회사인 IBM 사로부터 퍼스널컴퓨터에 사용할 운영 체제 프로그램 개발을 의뢰받아 최초의 개인용 운영 체제인 '엠에스도스(MS-DOS)'를 개발했다. 빌 게이츠가 개발한 MS-DOS는 수백만 장이 판매되어 IBM과 IBM 호환 컴퓨터에 사용되었다.

(2) 인터넷 시대와 Windows의 탄생과 성장

그 후 마이크로소프트는 눈부신 성장을 하였고, '윈도(Windows)'라는 개인용 컴퓨터 프로그램을 개발했다. 1990년 이후 그래픽 유저 인터페이스(GUI) 기반의 윈도 (Windows) 3.0을 시작으로 윈도 95(1995년), 윈도 98(1998년), 윈도 2000(2000년), 윈도 ME(2000년), 윈도 XP(2001년), 윈도 비스타(2007), 윈도 7(2009) 등을 차례로 출시하여 매년 20~30%의 성장률을 기록하며 세계에서 가장 영향력 있는 IT 기업으로 성장했다.

빌 게이츠는 2008년 33년간 이끌던 마이크로소프트의 경영에서 손을 떼고 공식 은퇴하였고, 그의 대학 친구였던 스티브 발머가 최고경영자가 되었다. 현재 마이크로소프트는 전 세계 개인용 컴퓨터 시장에서 윈도 운영 체제 시장의 약 90%를 점유하고 있다.

3. 구글

(1) 구글의 탄생

구글은 1998년 미국 스탠퍼드 대학교 컴퓨터과학 대학원에 재학 중이던 래리 페이지와 세르게이 브린이 공동으로 설립한 포털 사이트이다. 구글은 래리 페이지의 박사 학위 논문을 위한 아이디어에서 출발하였고, 세르게이 브린이 가담하면서 두 사람이 공동으로 개발하였다.

● 구글의 공동 창업자 래리 페이지(왼쪽)와 세르게이 브린(오른쪽)

(2) 검색 기술의 바탕, 페이지랭크

두 사람은 프로젝트를 연구하면서 인터넷 검색 분야에서 획기적인 아이디어를 생각해 냈다. 그들의 프로젝트 '백럽(BackRub)'은 웹상에서 링크된 정보를 분석하여 자신의 웹 페이지에 누가 접근하여 링크되어 있는지 알 수 있도록 해 주는 것이었다. 또한 링크된 페이지의 링크 숫자를 분석하여 랭킹을 나타내도록 했다. 두 사람은 백럽의 결과에 따라 인기가 높은 사이트와 낮은 사이트를 구분하여 서열을 매겼고, 이것을 인터넷 검색 결과에 인기가 높은 순서대로 적용하였다. 이것은 당시 인기가 높았던 알타비스타(Altavista)나 야후(Yahoo)의 검색보다 뛰어난 검색 결괏값을 얻게 해 주었다.

두 사람은 이것을 '페이지랭크(PageRank)'로 이름 지었고, 페이지랭크는 구글(Google)이라는 검색 엔진을 개발하는 바탕이 되었다. 구글은 'googol'에서 따온 말로, 10의 100승을 뜻하는데 수많은 웹 페이지를 검색한다는 것을 상징한다. 두 사람은 〈대규모 하이퍼텍스트 웹 검색 엔진의 해부〉라는 논문을 발표하였고, 그들이 개발한 검색 기술을 팔기 위해 여러 업체에 제안하였지만 모두 거절당했다. 결국 자신들이 직접 회사를 세우기로 결정하고 지도교수의 소개로 선 마이크로시스템의 창립자인 앤디 벡톨샤임으로부터 10만 달러를 투자받았다.

(3) 세계로 뻗어 나가는 인터넷 검색 시장의 최강자

1998년 구글을 설립하였고 세르게이 브린의 여자친구 차고에 사무실을 마련하였다. 이후 구글은 점차 유명세를 치르게 되었으며 1999년 2,500만 달러 투자를 유치하면서 실리콘밸리에서 주목받기에 이른다. 한동안 수익 모델이 없어 구글의 성공 여부를 부정적으로 보는 견해도 있었으나 2001년 '애드워즈'라는 검색 광고를 도입한 이후 구글은 인터넷 광고시장을 빠르게 점유해 나갔다.

2001년 래리 페이지를 대신할 CEO로 선 마이크로시스템과 노벨에서 최고경영자로 일했던 에릭 슈밋을 영입하였다. 이후 구글은 흑자를 이어갔고, 사진 공유 서비스인 피카사(Picasa), 위성지도를 서비스하는 키홀(Keyhole) 등을 인수함으로써 점차 영향력을 확대해 나갔다. 구글은 약 30억 개의 인덱스를 보유하면서 전 세계 약 40개의 언어로 검색 서비스를 제공했다. 당시 실리콘밸리의 IT 기업들이 심한 불황을 겪을 때에도 구글은 계속 성장하였고, 직원들에게 업계 최고의 대우와 복지를 제공했다.

2003년에는 '애드센스' 광고 서비스를 시작하여 애드워즈처럼 검색 광고로 성공하였다. 2005년에는 모바일 시장으로의 진출을 눈여겨보던 중, 소프트웨어 업체 '안드로이드사(Android)'를 인수하여 본격적으로 운영 체제 개발에 나섰다. 구글의 안드로이드는 리눅스(Linux)를 기반으로 한 것으로 삼성전자, LG전자, 모토로라 등과 함께 '오픈 핸드셋 얼라이언스(Open Handset Alliance)'를 결성하여 개방형 모바일 운영 체제를 발표하였다.

(4) 독점 문제에도 불구하고 지속적인 성장

하지만 이러한 성공의 이면에는 많은 비판이 제기되기도 하였다. 구글이 검색 신뢰도를 내세운 기업이었지만 정작 검색 결과를 두고는 수많은 의혹이 제기되었으며, 개인 정보가 쉽게 노출되어 물의를 일으키기도 하였다.

2006년 세계 최대 동영상 사이트인 유튜브를 인수하였고, 2007년 미디어랩인 더블클릭을 인수하면서 종합 미디어 기업으로 변모하였다. 2011년에는 모토로라(Motorola)의 휴대전화 사업부를 인수하면서 휴대폰 하드웨어 개발력을 함께 갖추게 되어 모바일 시장까지 사업 영역을 확장하였다.

구글의 이러한 성공에 대한 비판론도 제기되었다. 구글이 인터넷 검색시장을 독점적으로 지배하게 될 것이라는 우려와 함께 오만하다는 지적이 잇따랐다. 하지만 이러한 지적에도 불구하고 구글의 성장은 계속되었다. 2011년에는 에릭 슈밋이 구글 CEO에서 물러나고 래리 페이지가 10년 만에 다시 복귀하였다.

4. 알리바바

(1) 세상 모든 물건이 거래되는 곳, 알리바바의 탄생

● 창업자 마윈(馬云, Ma Yun, Jack Ma)

알리바바는 정보 기술 관련 기업 그룹으로서 기업 간 전자 상거래(B2B) 온라인 마켓인 알리바바닷컴을 운영하고 있다. 240여 개 나라와 지역에서 5,000만 명 이상의 회원을 보유하고 있으며, 본사는 중국 항저우에 있다.

알리바바는 1993년 영어강사 출신이었던 마윈(馬云, Ma Yun, Jack Ma)이 창업하였다. 마윈은 미국 야후의 창업자 제리 양으로부터 투자를 받아 알리바바를 창업하고, 소프트뱅크의 손정의로부터 투자를 받아 사업을 확장하였다. 온라인 쇼핑몰 알리바바닷컴의 성장과 함께 알리바바 그룹도 급성장하였다. 이 그룹은 전자 상거래를 핵심 사업으로, 그 밖에도 온라인 결제, B2B 서비스, 클라우드 컴퓨팅, 모바일 운영 체제 등 다양한 사업을 진행 중이며, 2005년 야후 중국 사이트를 인수함으로써 국제적인 지명도가 높아졌다. 16년 전 불과 직원 18명에서 시작하였지만 굉장히 짧은 시간 안에 2만 5,000명이 넘는 직원을 보유한 기업으로 성장하였다.

(2) 기업과 소비자를 모두 만족시킨 기업

2014년 이후 알리바바 그룹의 웹 사이트로부터 발생하는 소포량은 전체 중국 소포량의 70% 정도를 차지했으며, 중국 전자 상거래 시장에서 80%에 이르는 점유율을 차지하는 중국 최대 전자상거래 업체이다. 이 그룹은 원활한 전자 상거래 서비스를 제공하기 위해 금융 서비스, 검색 및 메신저 서비스, 금융 상품 및 안전결제 서비스를 제공하는 여러 웹 사이트를 운영 중이다. 알리바바닷컴(alibaba.com), 타오바오(淘宝网, Taobao), 야후! 중국(Yahoo! China), 알리페이, 오토나비(AutoNavi), 티몰(Tmall), 알리바바 클라우드 컴퓨팅, 알리왕왕(Aliwangwang) 등을 운영하고 있다.

알리바바는 웹 포털을 기반으로 C2C(customer to customer), B2C(business to customer) 및 B2B의 전자 상거래 서비스를 제공하고 있으며, 기업의 해외 무역을 도와주는 B2B와 소비자 대상 서비스인 C2C를 모두 성공시켰다. 특히 중국 내 중소기업이 고객 확보가 어렵다는 점에 주목하여 서비스를 기획하였고, 알리바바닷컴에서는 기업 신용을 확보해 주는 '골드(Gold Supplier)'란 인증 제도를 통해 고객을 찾도록 도와주고 있다. 기업의 금융 거래 신용도, 재무제표 등을 종합적으로 고려해 고객이 해당 기업을 믿고 거래할 수 있도록 해 주는 인증 제도이다.

소비자 대상 C2C 서비스는 글로벌 전자 상거래 웹 사이트인 알리익스프레스와 중국 내 인터넷 쇼핑몰인 타오바오를 중심으로 제공되고 있다. 중국 내 C2C 시장 거래의 90%가 이곳에서 이루어질 정도로 큰 성공을 거두었다. 또한 금융 서비스를 제공하는 알리페이와 위어바오와 메신저 서비스를 제공하는 알리왕왕도 운영 중이다.

알리바바 그룹은 그 밖에도 미디어 회사 알리바바 픽처스(Alibaba Pictures), 인터넷 쇼핑몰 알리익스프레스(AliExpress), 음악 사이트 시아미(XiaMi) 등 다양한 사업 및 사이트를 운영 중이다.

02
국내 ICT 기업

정부가 발간한 '2017 정보통신산업 진흥에 관한 연차 보고서'에 의하면 지난 1년 동안 국내 정보통신기술(ICT) 산업은 5.3% 성장한 것으로 나타났다. ICT 산업은 비 ICT 산업의 성장률인 2.4% 를 크게 앞서며 국내 경제 성장을 주도했다. 특히 2016년 ICT 산업 무역수지 흑자는 726억 5,000만 달러로, 전 산업 무역수지 흑자(892억 3,000만 달러)를 견인하는 성과를 보여주었다.

국내에서는 삼성 SDS를 비롯하여 수백 개의 기업이 ICT 분야에서 경쟁을 벌이고 있다. 우리나라를 대표하는 ICT 기업의 순위는 다음과 같다.

(단위: 억원)

기업	2017년		2016년	
	매출	순위	매출	순위
삼성에스디에스	45,237	1	37,971	1
엘지씨엔에스	12,899	2	13,205	2
나우기술	6,375	3	5,553	3
포스코아이씨티	4,456	4	4,155	4
텍셀네트컴	2,170	5	1,128	6
신세계아이앤씨	1,550	6	1,509	5
아이티센	1,405	7	1,077	7
인성정보	1,113	8	1,029	9
더존비즈온	953	9	845	11
대우정보시스템	895	10	7,056	14
동부	844	11	1,046	8
에스넷	767	12	775	12
한컴MDS	753	13	605	16
안랩	687	14	610	15
쌍용정보통신	658	15	858	10
링네트	608	16	571	17
콤텍시스템	598	17	554	18
한글과컴퓨터	565	18	518	19
오픈베이스	528	19	710	13
동양네트웍스	428	20	474	20

※ 출처: 2017 정보통신산업 진흥에 관한 연차보고서

1. 국내 1위, 삼성 SDS

(1) 국내 ICT 서비스 사업 분야의 1위, 삼성 SDS의 성장 과정

삼성 SDS는 삼성그룹의 계열사로 시스템 소프트웨어 개발 및 공급 업체이다. 주요 사업은 삼성그룹 관계사의 시스템 운영(SM, System Management) 및 컨설팅, 시스템 통합(SI, System Integration), ITO 사업, ICT 인프라, ICT 융합 등의 IT 서비스 사업 부문과 전문 물류업

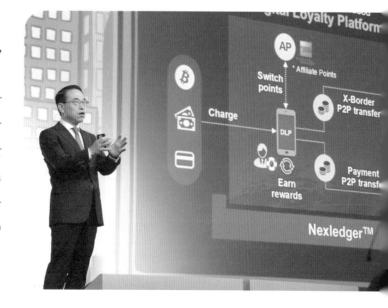

무 솔루션을 개발해 서비스하는 물류 BPO(Business Process Outsourcing) 사업 부문으로 구성되어 있다. 수원과 과천, 구미, 대덕에 ICT 센터를 운영하고 있다. 자회사로는 (주)오픈타이드코리아, 에스코어(주), (주)크레듀, (주)누리솔루션 등 39개사가 있다.

삼성 SDS의 전신은 1985년에 초기 자본금 2억 원, 비상장 IT 업체로 출발한 삼성데이타시스템(주)이다. 삼성데이타시스템(주)은 1985년에 삼성물산의 전산 시설을, 1986년에는 동방생명(현 삼성생명)의 전산 시설을 인수했다. 1987년에는 한국 IBM과 합작 계약을 체결했으며, 1989년에는 삼성정보교육센터(SITEC)를 설립하고 삼성네트워크서비스(SNS) 사업을 시작했다. 1991년에는 그룹 관계사들의 전산실 종합관리(SM) 사업에 진출하기 시작해 1992년 삼성생명을 비롯하여 1993년 삼성신용카드사 등의 SM 사업을 잇달아 수주하면서 회사를 키웠다.

(2) 세계 기업으로의 발돋움

1996년 컴퓨터 통신 '유니텔(UNITEL)' 사업을 시작했고 1997년에 회사 이름을 삼성 SDS로 변경했다. 같은 해에 삼성 멀티캠퍼스를 개관한 뒤 미국 마이크로소프트와 전략적 제휴 관계를 체결했으며, 1999년 국내 SI 업계 최초로 매출액 1조 원을 달성했다. 2000년 정보 통신 본부를 분할해 유니텔(현 삼성네트웍스) 법인을 세웠고, 2002년 분당 하이테크센터를 개관했다. 2003년 국내 최초로 ITIL(IT Infrastructure Library) 최고 등급 '마스터' 레벨을 획득했다.

2004년 마이크로소프트와 전략적 제휴(닷넷 사업 공동 추진)를 체결했고, 영국표준협회로부터 IT 서비스 관리에 대한 국제표준인 BS 15000 인증을 획득했다. 또한 2004 디지털 지식경영대상 IT 기업 부문에서 우수기업상을 수상했다. 2005년 (구)삼성네트웍스가 국내 최초로 인터넷 전화를 상용화했으며, 2006년 중국 광저우에 승차권 발매 자동화 시스템을 수출했다. 2007년 전자태그(RFID) 솔루션으로 국제인증을 획득했으며, 2008년 삼성멀티캠퍼스가 '대한민국 교육브랜드 대상'을 6년 연속 수상했다. 2010년에는 삼성네트웍스를 흡수·합병했으며, 2011년 중국과 동남아 등지의 자회사를 중심으로 삼성 SDS GSCL 베이징을 비롯해 8개의 해외 물류 법인을 설립했다. 삼성 SDS

는 이 같은 물류 사업으로 2012년 6,276억 원의 매출을 올렸다. 2013년 삼성 SNS를 흡수 합병하였고, 2014년 한국거래소에 주식을 상장했다.

2. LG CNS

LG CNS는 LG그룹의 계열사로서 종합 IT 서비스 회사이다. 주요 사업은 전산 시스템의 설계, 개발, 통합 및 정보처리 용역의 제공, 전산 자원의 대여 등이다.

LG CNS는 1987년 LG그룹과 미국 EDS가 50:50 합작으로 국내 최초의 SI 전문 기업으로서 설립되었다. 1994년에 국내 정보처리 업계 최초로 영국 상무성이 인정하는 품질보증인 'TickIT'와 'ISO 9001'을 전 사업 부문, 전 사업장에 걸쳐 획득하였다. 또 같은 해에 국내 최대의 SI 프로젝트인 대법원 부동산 등기부 전산화 프로젝트를 성공적으로 진행하였다. 그 결과 2000년에 해외 최대 전산화 사업인 필리핀 등기부 전산화 사업을 수주하였고, 2002년에는 국내에서 인터넷을 통한 부동산 등기부 열람이 가능해졌다. 또한 1999년 소프트웨어 개발회사인 LG소프트(주)를 인수하여 현재 컨설팅에서부터 SI, SM, BPO, IT 아웃소싱 등 다양한 분야의 IT 서비스를 제공하고 있다.

2001년 12월 합작 계약 종료에 따른 EDS 측 지분 50%를 LG그룹이 인수하여 순수 국내 기업으로 탈바꿈하였고, 회사 이름도 LG-EDS 시스템(주)에서 LG CNS로 변경하였다.

'산업화는 늦었지만, 정보화는 앞서자'는 구호로 우리나라는 사회의 전 영역에 정보통신기술을 활용함으로써 ICT 산업을 급진적으로 발전시켜 왔다.

정보 인프라의 확대를 통해 다양한 산업군이 형성되어 온 우리나라 ICT 산업의 발전상을 알아보자.

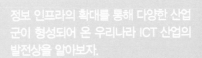

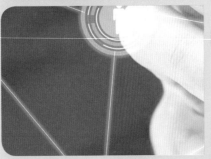

III

ICT 기업의 탄생과 성장, 변화, 미래

01
우리나라 ICT의 역사

◆ IBM 1401 컴퓨터

1. 앞선 정보화의 성과, ICT

우리나라의 ICT 역사는 IT의 역사와 궤를 같이 한다. 1967년 경제기획원 조사통계국에서 IBM 1401 컴퓨터를 도입하여 사용하면서부터 시작되었다. 그 후 1980년대를 지나면서 컴퓨터가 대중화되고, 행정을 비롯해 다양한 분야에서 혁신과 변화의 도구로 활용되었다.

이후 정부에서는 정보화 정책을 적극적으로 펴 나갔다. 경제, 교육, 의료 등 사회의 전 영역에서 정보 통신 기술을 활용함으로써 업무 수행의 효율화, 합리화를 도모하였다. 정보 인프라의 확대를 통해 다양한 산업군이 형성되었고, 산업에 필요한 정보 자원을 공급하였다.

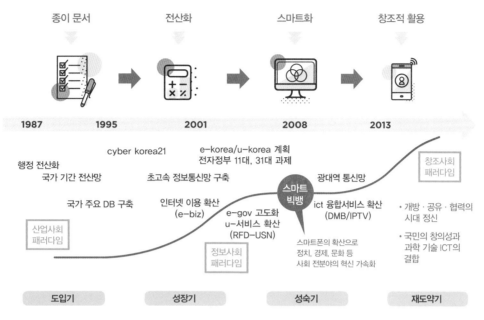

※ 출처: 미래창조과학부(2013), 〈제5차 국가정보화 기본계획〉

2000년대에 들어서도 정부 주도의 과감한 투자가 계속되었다. 'Broadband IT Korea, u-KOREA' 등을 통한 투자로 괄목할 만한 성과를 거두었고, 이는 ICT의 창조적 활용을 통한 새로운 도약을 위한 기틀로 작용하고 있다.

ICT의 사회 · 경제적 효과는 ICT 발전지수, 네트워크 준비지수, 디지털 경제지수, 전자정부 지수 등 다양한 지표들을 통해 증명되어 왔다. 빅데이터, 클라우드, IoT 등 다양한 기술을 사회 곳곳에 도입하고, 인공지능을 목표로 할 정도로 그 속도와 변화의 폭은 빨라졌다.

🔺 이세돌 VS 알파고 대국

2016년 3월에 있었던 이세돌과 알파고의 바둑 대결로 우리 사회의 인공지능에 대한 관심도 크게 높아졌다. SF영화 속에나 등장하는 기술로만 여겨졌던 인공지능이 실제 우리 삶에 직접적인 영향을 줄 수 있다는 가능성만으로도 사회적 충격을 주고 있다.

인공지능에 대해서는 걱정과 기대가 교차하고 있다. 인공지능이 미래 사회에서 인간의 일자리를 빼앗고, 인간을 지배할지도 모른다는 우려와 인공지능의 발달로 인간의 삶이 훨씬 풍요롭고 편리해질 거라는 기대가 공존하고 있다.

2. 우리나라 ICT 산업의 현황

(1) 경제 성장을 주도하는 ICT 산업

2009~2014년 ICT 산업 GDP는 연평균 5.1%로 전체 GDP 성장률 3.7%를 웃돌고 있다. 이처럼 ICT 산업은 높은 성장을 지속함으로써 우리나라의 경제 성장에 주도적 역할을 하고 있다. 2014년 우리나라의 국내 총생산(실질 GDP) 중 ICT 산업이 차지하는 GDP 비중은 10.1%, ICT 산업의 GDP 성장 기여율은 11.9%에 이르렀다.

ICT 산업의 GDP 비중 및 기여율

(단위: 조 원, %)

구분	2008	2009	2010	2011	2012	2013	2014
전체 산업 명목 GDP	1,104.5	1,151.7	1,265.3	1,332.7	1,377.5	1,429.4	1,485.1
전체 산업 실질 GDP	1,179.8	1,188.1	1,265.3	1,311.9	1,342.0	1,380.8	1,426.5
경제 성장률(실질)	2.8	0.7	6.5	3.7	2.3	2.9	3.3
ICT 산업 명목 GDP	92.0	96.8	109.4	114.8	117.5	124.5	125.8
ICT 산업 실질 GDP	93.6	97.3	109.4	125.7	129.5	138.0	143.5
ICT 산업의 GDP 성장률(실질)	9.4	4.0	12.5	14.8	3.1	6.6	3.9
비 ICT 산업 GDP 성장률(실질)	2.4	0.8	5.8	2.3	2.3	2.7	3.1
ICT 산업의 GDP 비중(실질)	7.9	8.2	8.6	9.6	9.7	10.0	10.1
ICT 산업의 GDP 성장 기여율	27.6	46.8	16.1	34.9	12.8	21.9	11.9

1. 한국은행 ICT 범위: 제조업(반도체 부품, 전선 케이블, 방송 통신 기기, 정보 기기, 정밀 기기), 서비스업(방송, 통신, SW 개발 공급, 컴퓨터 관련 서비스)
2. 실질 GDP(경제 성장률 파악): 재화와 서비스 생산의 가치를 기준 연도 가격(불변 가격)으로 계산
3. 명목 GDP(당해 연도 규모 파악): 재화와 서비스 생산의 가치를 당해 연도 가격(현재 가격)으로 계산

※ 자료: 한국은행(국민계정 2010년 기준), ICT 주요 통계지표

(2) ICT 산업, 전체 산업 수출 및 흑자 견인

2014년을 기준으로 우리나라 ICT 산업의 생산은 국내외 경기 불황에도 불구하고 439조 원에 이른 것으로 추산되었다. 이는 전체 산업 생산의 9.4%에 이른다. 또 같은 해 ICT 산업의 수출은 1,739억 달러로 사상 최대 규모를 기록하였다. 이는 전체 산업 수출의 30.4%를 차지하는 수치다.

ICT 산업의 생산 및 수출 비중

(단위: 조 원, 억 달러)

구분		2008	2009	2010	2011	2012	2013	2014
생산	전체 산업	4,016e	4,081e	4,332.3	4,462e	4,523e	4,592e	4,662e
	ICT	317.0	338.6	400.1	409.7	414.0	431.1	436.6
	(비중)	(7.9)	(8.3)	(9.2)	(9.2)	(9.2)	(9.4)	(9.4)
수출	전체 산업	4,220.1	3,635.6	4,664.0	5,552.1	5,478.7	5,596.3	5,726.6
	ICT	1,311.6	1,209.5	1,539.4	1,566.2	1,552.4	1,694.1	1,738.5
	(비중)	(31.1)	(33.3)	(33.0)	(28.2)	(28.3)	(30.3)	(30.4)

1) 전체 산업 생산: 통계청이 5년 주기로 전 산업 조사, e: 통계청 생산지수를 토대로 추정
2) 전체 산업 수출: 무역협회 자료: ICT 생산: KAIT, ICT 수출: IITP

2014년 ICT 산업의 무역수지 흑자는 863억 달러로, 국내 산업의 무역수지 흑자 (472억 달러)를 견인하였다(비 ICT 분야 391억 달러 적자). 이를 통해 ICT 무역수지가 우리나라 전체 산업의 무역수지 흑자를 이끌고 있음을 알 수 있다. 이 중 반도체, 무선 통신 기기, 평판 디스플레이, 전자 응용 기기 등 4대 품목이 흑자를 이끌고 있다. 특히 1위를 차지한 반도체는 수출 품목 최초로 2014년 600억 달러를 돌파(627억 달러, 전년 대비 9.7% 증가)하였다. 전년 대비 무선 통신 기기는 5위로 1단계 올라섰으며, 평판 디스플레이는 7위로 2단계 내려갔다. 융합 기기 품목인 전자 응용 기기가 3년 연속 10대 품목(10위)에 이름을 올렸다.

(3) 사회 전반의 패러다임 변화 주도

우리나라는 세계 최고의 초고속 인터넷을 기반으로 하여 2014년 12월 말 기준 초고속 인터넷에 가입한 1,920만 가구에서 4,112만 명(만 3세 이상)이 인터넷을 이용(이용률 83.6%)하고 있다. 그리고 휴대폰 가입자는 5,721만 명(중복 포함)이며 이 중 70.9%인 4,056만 명이 스마트폰 이용자다. 이를 통해 ICT 산업이 정치 · 경제 · 사회 · 문화 전반의 패러다임 변화를 주도하고 있음을 알 수 있다.

인터넷 및 이동 통신 가입자 수

(단위: 만 명)

구분	2008	2009	2010	2011	2012	2013	2014
초고속 인터넷 가입 가구	1,547	1,635	1,722	1,786	1,825	1,874	1,920
인터넷 이용자(3세 이상)	3,619	3,658	3,701	3,718	3,812	4,008	4,112
휴대폰 가입자	4,561	4,794	5,077	5,251	5,362	5,468	5,721
스마트폰 가입자	23	81	721	2,258	3,273	3,752	4,056

※ 자료: 구 방송통신위원회(2008~2013), 미래창조과학부(2014)

우리나라는 모바일 인터넷을 포함한 가구당 인터넷 접속률이 지속적으로 증가(2013년 98.1% → 2014년 98.5%)하고 있다. 특히 스마트폰 보유율 (84.1%)이 감소 추세인 PC 보유율(78.2%)을 추월한 점이 눈에 띈다.

(4) 세계 최고 수준의 ICT 성과

우리나라 ICT 산업은 세계 최고 수준에 이른다. 2014년 기준 세계 최초 UHD 방송 상용화, 세계 1위 SW 전문기업 탄생, 세계 최초 225Mbps LTEA 상용 서비스, 기가 인터넷을 상용화하였다. 2015년에는 세계 최초 UHD(초고해상도) 방송 수신을 시연하였고, IPv6 상용 서비스(다음 모바일 사이트 ↔ SKT IPv6 무선망 ↔ 삼성 갤럭시 노트4) 개시로 무제한 인터넷 서비스 시대가 개막되었다.

어디를 가도 쉽게 접할 수 있는 ICT 환경 속에서 사는 지금, ICT 관련 직업인들 또한 우리 주위에 많다. ICT 관련 직업은 어느 산업보다 다양하고, 분업화되어 기술 전문직에 해당한다.

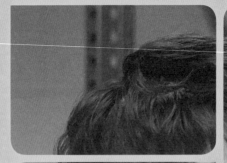

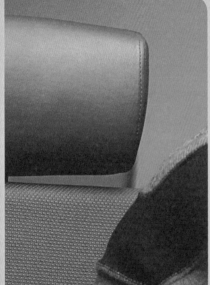

하지만 해당 직업은 급변하는 시스템 기술과 지식, 대중문화의 흐름을 읽을 수 있으면서 자기 계발을 해야 경쟁력을 갖출 수 있다. 개발과 제작 분야를 비롯해 관리, 디자인, 분석 분야까지 각종 매체를 통해서 유망 직종으로 떠오르는 ICT 업계의 다양한 직업들을 알아보자.

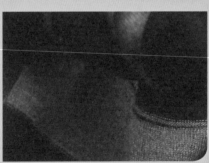

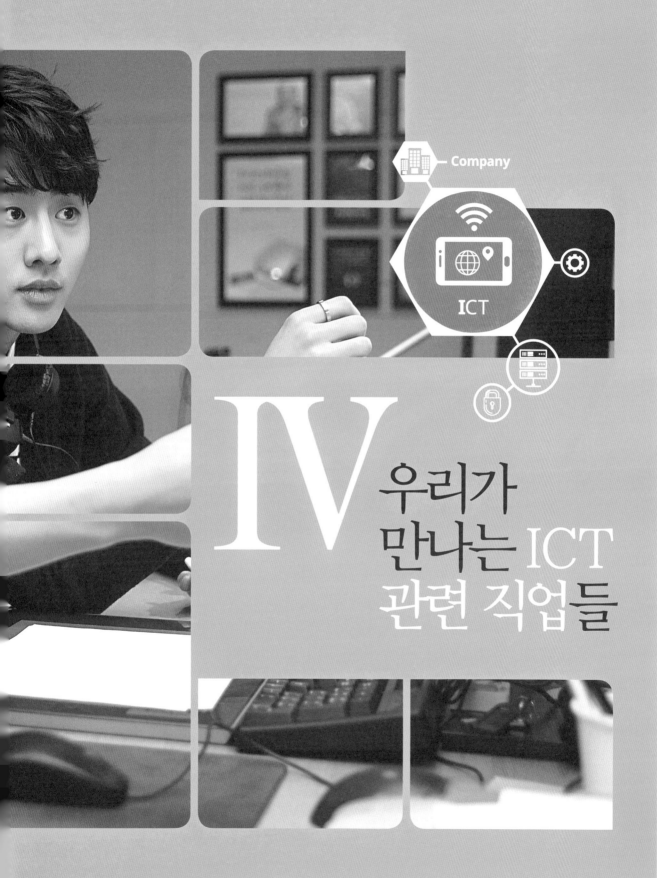

IV

우리가
만나는 ICT
관련 직업들

ICT

01
컴퓨터 프로그래머

1. 컴퓨터 프로그래머란?

　　사람들이 컴퓨터를 이용하여 편리한 생활을 누릴 수 있게
된 것은 모두 컴퓨터 프로그래머들 덕분이다. 컴퓨터 프로그래머란 컴퓨터가 인식할 수
있는 언어를 사용해서 각종 프로그램의 설계, 코딩, 디버깅(debugging, 오류 수정 작업)
및 테스트의 과정을 통하여 컴퓨터 프로그램을 전문적으로 개발하는 일을 한다. 현재 컴
퓨터 분야는 발전하는 주기가 점차 짧아지고 있기 때문에 새로운 것에 대해 흥미를 갖고,
새로운 변화를 추구하는 사람에게 컴퓨터 프로그래머는 더할 나위 없이 좋은 직업이다.

2. 컴퓨터 프로그래머가 하는 일

　　전산 운영이나 이용을 가능하게 하는 업무를 한다. 개발 의도에 적합한 컴퓨터 언어

(C언어, JAVA, C++)로 만든 명령체계들을 PC에 입력해 프로그램을 설계하고 코딩한다. 성능 테스트를 통해 프로그램의 문제점을 찾아내고 수정하여 각종 기능들이 원활히 수행될 수 있도록 한다. 프로그램 개발이 완료되면 최종 보고서를 작성한다. 개발 과정을 간단히 살펴보면 다음과 같다.

| 시스템과 데이터베이스 설계 파악 | ▶ | 프로그램 설계 및 코딩 | ▶ | 성능 테스트 점검 및 수정 | ▶ | 최종 보고서 작성 |

컴퓨터 프로그래머의 종류는 시스템 프로그래머와 응용 프로그래머로 나눌 수 있다. 시스템 프로그래머는 컴퓨터를 작동하거나 컴퓨터 시스템 자체의 기능을 수행하기 위해 가장 기본적으로 필요한 시스템 소프트웨어를 만드는 일을 한다. 응용 프로그래머는 기업 또는 개인이 사용하는 워드프로세서, 엑셀, 한글, 게임 등 각종 소프트웨어를 개발하는 일을 한다. 응용 프로그래머는 전문 분야에 따라 재무 관리 시스템 프로그래머, 통계 처리 시스템 프로그래머, 게임을 개발하는 게임 프로그래머, 인터넷 홈페이지 등을 만드는 웹 프로그래머, 가전제품에 들어가는 프로그램을 개발하는 임베디드 프로그래머, 스마트폰의 앱을 개발하는 모바일 앱 프로그래머 등으로 나눌 수 있다.

그 밖에 소프트웨어 개발을 통해 해결하려는 업무의 성격과 내용, 과정을 분석하고 그에 맞춰 새 프로그램을 기획하거나 제품 개발 뒤 테스트하거나 관련 매뉴얼을 정리한다.

컴퓨터 프로그래머가 되기 위해서 필수적으로 익혀야 하는 것은 다음의 두 가지이다.

(1) 프로그램 언어 활용

프로그래밍 언어는 컴퓨터에게 명령을 내릴 때 해석하는 방식에 따라 어셈블리 언어, 인터프리터 언어, 컴파일 언어로 분류할 수 있다. 어셈블리 언어는 컴퓨터를 위한 단순한 형태의 언어이기 때문에 실행 속도가 빠르다. 인터프리터 언어는 인간이 이해하기 쉽게 만든 언어로, 인간이 사용하는 부호를 기계어로 바꿔 실행한다. 대표적인 프로그래밍 언어로는 basic, 스크래치 등이 있다. 컴파일 언어는 명령어를 한꺼번에 처리하기 때문에 수행속도가 빠르고 보안성이 높다. 하지만 프로그램에 오류가 있을 때 수정이 어렵다는 단점이 있다. 컴파일 언어에는 대표적으로 C언어가 있다. 그리고 이런 프로그래밍 언어는 각자의 특성과 장단점이 있는데, 작업 목적에 따라 적합한 언어를 선택하여 사용한다.

컴퓨터 프로그래밍 언어

❶ C 언어: 컴퓨터 언어, 즉 기계어와 가장 가까운 형태로 기술할 수 있는 프로그래밍 언어이다. 프로그램을 만들 때 가장 기본이 되는 언어이지만 언어 자체가 어려워서 배우기까지 많은 노력이 필요하다.

❷ C++: C 언어의 기능을 확장하여 개발한 프로그래밍 언어로서 큰 응용 프로그램을 만드는 데 적합하다. 하지만 그만큼 복잡하다는 단점이 있다.

❸ 자바: C++와 비슷하지만 보다 쉬워서 배우기 쉽다는 장점이 있지만 활용도 면에서는 C 언어에 비해 떨어지는 편이다.

(2) 코딩(coding)

어떤 언어로 프로그래밍을 할지 결정한 뒤에 프로그램을 만드는 작업을 하는데, 이 작업을 코딩(coding)이라고 한다. 컴퓨터 프로그래머를 소설가에 비유하면, 코딩은 작품에 해당한다. 코딩은 작품을 쓰는 과정이라 할 수 있다. 따라서 코딩을 어떻게 하는지에 따라 실제 프로그램이 어떠한 작동을 할 수 있는지가 결정되므로 코딩 작업이 매우 중요하다.

3. 컴퓨터 프로그래머가 되는 방법

컴퓨터 프로그래머가 되기 위해서는 대학에서 컴퓨터소프트웨어나 전산, 정보처리, 컴퓨터공학, 수학 등을 전공하는 것이 유리하며, 대학에서는 프로그래밍, 소프트웨어의 분석에 대한 이론적 지식과 실무 경험을 배운다. 그러나 비전공자일지라도 일반 기술 학교나 교육 훈련 기관에서 학습하면 취업이 가능하다.

관련 자격증으로는 한국산업인력공단에서 시행하는 정보관리기술사, 정보처리기사, 정보처리산업기사, 정보처리기능사, 전자계산기조직응용기술사, 전자계산기조직응용기사, 전자계산기조직응용산업기사, 정보기술산업기사 등이 있다.

그리고 리눅스나 선 마이크로시스템즈, 휴렛팩커드, 마이크로소프트 등 외국 시스템 소프트웨어 개발업체나 관련 기관에서 시행하는 민간 국제공인자격도 있다. 이들 자격은 해외 민간 기업에서 운영하는 사설 자격 제도이지만 국제적으로 권위가 인정되고 통용되므로 취업에 도움이 된다. 또한 해외 기업에는 기본 비즈니스 영어 실력이 가능하고 실무 능력이 뛰어나면 취업할 수 있다. 한국소프트웨어산업협회(www.sw.or.kr), 한국정보통신진흥협회(www.kait.or.kr), 한국산업인력공단(www.hrdkorea.or.kr)을 방문하면 관련 자격증에 대해 더 자세히 알 수 있다.

졸업 후엔 주로 IT 기업이나 일반 기업의 시스템 관련 부서, 정보통신, 컴퓨터, 인터넷, 멀티미디어, 게임, 애니메이션, 전자상거래 관련 기업이나 산업체, 금융 기관, 연구원 등에서 근무가 가능하다. 보통 2~3년 정도 실무 경험을 쌓은 후에 본격적으로 프로그래머로서 역할을 수행하게 된다. 대기업에서는 입사 3~4년이 되어야 개발 업무에 참여할 수 있지만, 중소기업에 입사하면 더 일찍 많은 실무를 쌓을 수 있다는 장점이 있다.

논리적이고 분석적인 사고가 필요하며, 개발 단계에서 문제가 발생하면 원인을 찾아 해결하려는 끈기와 도전 정신이 필요하다. 또한 고객의 요구를 정확히 반영한 프로그램을 다수의 개발자와 협업해 현실화하고, 이를 다시 현장에 적용, 수정하는 과정을 거쳐야 한다. 그렇기 때문에 사물을 창의적으로 바라보고 의사소통 능력도 갖춰야 한다.

4. 컴퓨터 프로그래머의 직업적 전망

프로그램의 개발 마감일을 맞추기 위해서는 초과 근무, 철야 근무를 할 때도 있고, 에러 없이 프로그램을 개발하는 과정에서 정신적 스트레스가 있을 수 있다.

해외에서는 10년차 이하 개발자에게 중요한 프로젝트를 맡기지 않을 정도로 컴퓨터 프로그래머 세계에서는 경력이 실력만큼 중요하다. 일반적으로 젊은 시절에만 할 수 있는 일이라는 선입견이 있지만, 개인의 노력에 따라 달라질 수 있다. 한국고용정보원에 따르면 평균 연봉은 3,450만원이다. 실력에 따라 평균 연봉의 2~3배도 받을 수 있다.

컴퓨터 프로그래머는 미래의 유망 직종 중 하나이다. 앞으로 고용은 현 상태를 유지하거나 다소 증가할 것으로 예상된다. 통계청의 전국 사업체 조사 자료에 의하면, 2014년 기준으로 컴퓨터프로그래밍 서비스업 사업체는 4,658개소로 2008년 1,601개소에 비해 190.9% 증가하였고, 관련 산업의 종사자는 2008년 14,623명에서 2014년 32,582명으로 122.8% 정도 증가하였다.

정부에서 IT 산업을 육성하고, 관련 전문 인력 양성을 지원하고자 하기 때문에 소프트웨어가 차지하고 있는 비중은 날로 커지고 있으며, 프로그래머에 대한 고용수요도 증가하고 있다. 특히 활용도가 높은 로봇공학, 증강현실 등의 분야와 같은 기술 분야에 종사할 수 있는 컴퓨터 프로그래머의 고용이 증가할 것이다. 이러한 수요에 따라 프로그래밍 능력을 통해 대학을 갈 수 있는 SW 특기자 전형이 신설되었고, 기존엔 의무 교육에서 제외되었던 프로그래밍을 초, 중, 고 의무 교육으로 2018년부터 시행하였다.

현재 컴퓨터 프로그래머들은 실력만 있다면 국내 유수의 회사에 취업할 수 있고, 더 나아가 미국 등의 선진국에서도 일자리를 구하기가 쉽다. 또한 연관된 직종도 많은 편이다. IT 컨설턴트나 컴퓨터 보안 전문가, 가상현실 전문가 중에는 컴퓨터 프로그래머 출신들이 많다.

이 직업을 가진 사람에게 듣는다

컴퓨터 프로그래머

유승훈

Q 지란지교 소프트는 어떤 회사인가요?

20여 년 전, 대학생 벤처로 창업을 했다가 지금은 보안 쪽으로 기업용 서비스 제품을 만들고 있는 회사입니다. 본사는 대전에 있고요. 직원이 총 300명 가까이 됩니다.

Q 팀장님은 회사에서 구체적으로 어떤 일을 하세요?

저는 우리 팀이 제품 하나를 새로 개발해서 설계하고 제작, 서비스까지 완성하도록 팀 관리를 하고 있는데요. 구체적으로 예를 든다면, 개인 서비스 쪽에서 스마트폰 안에 있는 개인 정보, 그러니까 사진이나 파일, 통화기록을 숨겨 주는 〈마이 프라이버시〉라는 애플리케이션을 만들기도 하고, 기업이 쓸 수 있는 기업용 클라우드 제품을 만들어서 서비스하기도 합니다.

Q 졸업 후 바로 프로그래머가 되신 거라면 대학 때 전공을 하신 건가요?

아뇨, 저는 국문학과를 나왔어요. 제가 처음 컴퓨터를 시작한 것은 초등학교 때였는데요. 학교 클럽 활동할 때 컴퓨터부에 들어갔거든요. 그 당시에는 게임팩을 컴퓨터에 꽂아서 명령어를 넣

어야 게임을 할 수 있는 컴퓨터였는데, 그게 너무 재미있었어요. 저희 집에는 PC가 없었기 때문에 컴퓨터 학원에서 배우고 학교 가서 다시 해 보고 그랬지요. 국문학과에 들어가서도 컴퓨터가 좋아서 전산과 수업을 듣고 그랬어요. 그때는 취미라고 생각했어요. 과에서 시집이나 잡지를 낼 때도 제가 혼자 공부해서 컴퓨터로 막 편집하고 그러는 것이 재미있었죠. 졸업할 때 즈음엔 내가 정말 좋아하는 일을 직업으로 해야겠다는 생각이 확실하게 들더라고요. 그래서 부산대 인공지능연구실에서 아르바이트처럼 일을 시작했는데, 계속 프로그래머로 지금까지 일하고 있습니다.

Q 컴퓨터 프로그래머로 일하신 지는 얼마나 되셨나요?

17년 정도 됐어요. 대학 졸업한 후 바로 부산대학교 인공지능연구실 웹 사이트 개발자로 이 일을 시작했고요. 일본 회사에서 프로그래머로 일하다가, 3년 전 지금의 회사로 옮겼습니다.

Q 프로그래머를 뽑을 때 기준은 뭔가요?

회사마다 다르겠지만 대기업처럼 회사가 큰 경우에는 워낙 지원자가 많기 때문

미술이나 음악처럼 이것도 **하나의 창작**이거든요.
세상에 없는 걸 만들어 내는 일이잖아요.

에 스펙을 보고 걸러 내야 할 때가 많아요. 이럴 때는 실력이 뛰어난 사람이 잘려나갈 수도 있지요. 작은 회사들은 일단 포트폴리오부터 봅니다. 그 사람이 이전에 무엇을 했고 무엇을 공부했는지 보는 거죠.

그래서 대학 전공과 상관없이 실력이 좋으면 됩니다. 특히 스타트업 기업에서는 열정적으로 일을 함께 할 사람이 필요하기 때문에 적극적인 태도를 보이는 지원자가 유리합니다. 우리 회사 같은 중소기업은 그 중간쯤 되는데요. 실력이 있다고 입소문이 난 사람을 헤드헌터를 통해 뽑고, 신입 사원들은 IT에 대한 관심을 가지고 이런저런 활동을 시도해 본 사람이 점수를 많이 받게 되죠. 아무 지식이 없는 사람을 처음부터 가르칠 순 없으니까요. 그리고 우리 회사는 잡기가 많은 사람을 좋아해요. 프로 댄서처럼 춤추는 직원도 있고 패러글라이딩을 하는 직원도 있어요. 이렇게 적극적으로 취미를 즐기는 사람들은 회사 생활이 훨씬 활기 있고, 소통도 잘해요.

 '컴퓨터 프로그래머'라는 직업은 컴퓨터 프로그램을 만드는 사람인데, 좀 더 구체적으로 설명해 주실 수 있을까요?

'프로그래머'는 사람이 컴퓨터를 쉽게 다룰 수 있도록 만들어 주는 사람입니다. 프로그래머는 크게 둘로 나뉘는데요. 컴퓨터에 가까운 시스템, OS를 만드는 프로그래머와 그 OS 위에 돌아가는 프로그램을 만드는 사람으로 나눌 수 있어요. 예를 들면 지금 쓰고 있는 노트북 시스템 OS를 만드는 프로그래머와 그 노트북 안에 들어 있는 한글 프로그램을 만드는 프로그래머로 나눌 수 있는 거지요. OS 분야는 컴퓨터 전공자들이 많습니다. 소프트웨어 프로그래머는 비전공자들도 많지요. 유명한 스티브 잡스에부터, 저도 여기에 속한다고 할 수 있습니다.

IT 회사라서 그런가요. 회사 분위기가 열려 있는 느낌이네요?

그런 편이에요. 일하기 좋은 회사로 뽑히고 그래요. 중소기업치고는 복지도 괜찮은 편이고, 잔업 안 시키고 아침 식사도 주고, 출퇴근 시간도 팀장 재량에 따라 정해요. 10시에 출근하는 팀도 있어요. 당연히 퇴근 시간은 한 시간 더 늦는 거죠. 한 달에 두 번은 6시간만 일하고 퇴근하는 날도 있어요. 이게 가능한 것은 클라이언트의 의뢰를 받아서 작업하는 게 아니라, 우리가 언제까지 이 제품을 만들겠다는 계획 하에 일이 진행되기 때문이에요. 더 작은 회사, 외주를 주로 하는 업체들은 클라이언트 일정에 맞춰야 하고, 요구 사항도 많이 바뀌기 때문에 규칙적으로 일하기가 힘들어요.

회사마다 근무 상황이 많이 다르겠군요. 이 직업의 안정성은 어떨까요?

실력 나름이에요. 실력이 완전히 떨어지면 업무를 해 내기가 힘드니까 견디기 어려워요. 그런데 한 가지 (컴퓨터) 언어만 확실하게 하면, 그냥 주어진 일은 해 나갈 수 있으니까 나름 안정적이라고 볼 수도 있어요. IT 업계가 빨리 발전된다고 해도 사실 그 한 가지 언어만 잘 하면 그걸로 계속 일을 할 수 있어요. 예를 들어 C언어를 많이 들어보셨을 텐데, 그게 90년대 초반에 만들어진 건데 지금도 계속 쓰고 있거든요. 아무리 새로운 디바이스가 나와도 C언어 가지고 다 해요.

자기가 아는 거로 충실히 프로그램을 짜는 것도 괜찮아요. 그런데 아주 뛰어난 직원들은 스스로 모험을 하지요. 보통 자기가 스타트업을 만들어서 나가요. 우리 회사 같은 경우는 그걸 적극적으로 지원해 주고 있어요. 얼마 전에 촛불집회의 유동인구를 측정해 주는 시스템 만들어서 JTBC 뉴스에 나왔던 프로그래머도 우리 회사에 있다가 나간 사람들이에요. 회사에서는 그 사람들을 경쟁자로 보는 게 아니라 상생이라고 해야 하나요? 같이 잘 돼서 시너지 효과를 낼 수 있는 동지라고 생각하거든요. 또 1년에 한 번씩 사내 아이디어 경진대회를 해요. 투표를 통해 1등으로 뽑히면 실제로 그걸 구현해 볼 수 있는 지원금과 기회가 주어지기도 합니다.

Q 그러니까 계속 공부하고 생각하고 변화해야 한다는 거죠?

그렇죠. 굳이 그러지 않아도 그냥저냥 회사는 다닐 수 있지만, 제대로 하려면 끊임없는 공부가 필요합니다. 저도 팀원들한테 늘 이야기 하는 것이 있어요. 하루의 반은 놀아라. 그게 일하지 말고 빈둥거리라는 얘기가 아닙니다. 새로 발표된 언어를 찾아서 샘플을 만들어 본다거나, 아마존에서 뭘 만들었다면 찾아가서 확인해 보고 끊임없이 변화하는 IT의 흐름을 계속 따라가라는 거죠.

Q 프로그래머도 "나이가 들면 업무 감각이 떨어진다"는 인식이 있나요?

그런 분야는 아닌 것 같아요. 프로그래머는 언어를 가지고 얼마나 논리적, 효율적으로 잘 만드느냐의 문제라 개인의 IQ라든가 이런 차는 있겠지만 나이는 문제가 아닌 것 같아요. 그 사람이 똑똑한 사람이면 나이가 많이 들어도 계속 실력을 인정받으면서 할 수 있는 것이고, 젊더라도 논리적인 사고가 안 되는 친구들이 못하는 것이죠. 제가 볼 때는 일단 적성에 맞아야 한다고 생각합니다. 내가 이걸 즐기면서 할 수 있다, 이게 재밌다, 이런 사람들이 프로그래머를 해야지 그렇지 않으면 너무 곤혹스러운 일이예요. 미술이나 음악처럼 이것도 하나의 창작이거든요. 세상에 없는 걸 만들어 내는 일이잖아요. 일을 즐기지 못하면 1~2년 후에 결국 다른 길로 가게 돼 있어요. 그러니까 프로그래머에 관심이 있는 사람들이라

면, 나한테 잘 맞는지 좀 체험을 해 보고 나서 결정하라고 권하고 싶어요.

Q 그럼 프로그래머는 보통 몇 살까지 일할 수 있을까요?

제가 듣기로 '마이크로소프트'에 가면 70살 할아버지가 최전선에서 코딩하고 있는 분도 있대요. 그런데 우리나라는 경력이 쌓이면 관리직으로 가야 해요. 그게 아쉬워요. 미국처럼 할아버지가 되어도 계속 내 프로그램을 짤 수 있으면 좋겠는데, 쉰 살에 가까워지면 관리직으로 가야 하는 것이 현실입니다.

Q 프로그래머가 되고 싶은 청소년들은 어떤 것을 준비하면 좋을까요?

기본적으로 컴퓨터를 좋아해야 하는 건 우선이고요. 좋은 프로그래머란 코드를 깔끔하게 짜는 사람을 말합니다. 코드를 잘 짜려면 일단 사고가 논리적이어야 해요. 내가 A에서 B까지 가는 데 길이 몇 가지가 있고, 얼마나 효율적으로 갈 수 있는지를 논리적으로 찾아야 하거든요. 그러려면 일단 경험을 많이 하고 생각을 많이 해야 하겠죠. 그래서 자기 계발 책, 이런 것 말고 사고력을 높이 키울 수 있는 책들을 많이 보고, 또 게임을 하더라도 퍼즐 같은 게임들을 해서 논리를 키울 수 있는 연습을 많이 하는 것이 좋을 것 같아요.

02
네트워크 관리자

1. 네트워크 관리자란?

기업이나 은행, 공공 기관 등의 전산망이 바이러스에 감염되거나 고장이 나면 사회적으로 큰 혼란이 따른다. 네트워크 관리자는 네트워크 시스템에 대한 분석, 설계 및 구축에 관련된 일을 하며 전반적인 네트워크 시스템에 대한 유지 및 보수, 관리 업무를 담당한다. 즉, 전산 업무를 효과적으로 지원하는 사람이다.

오늘날에는 기업이나 정부 기관의 내부 전산망이 외부 인터넷과 연결되어 있으므로 정보 보호 차원에서 기술적 대응이 필요하다. 그래서 전산 네트워크의 상태를 관리하고 모니터링하여 시스템이 최적의 상태를 유지하는 네트워크 관

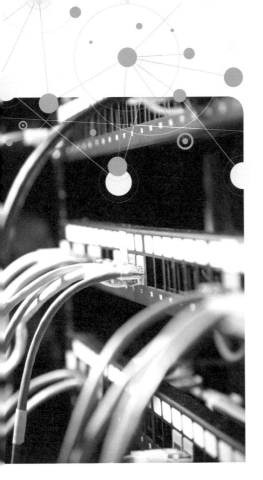

리자의 역할이 중요해졌다.

네트워크 기술 및 환경이 변화하듯 관리자의 업무 및 자질 또한 계속해서 변하고 있기 때문에 네트워크 관리자들도 기술의 흐름을 보다 빠르게 이해하고, 다방면에 걸쳐 전체를 보는 눈을 키워나가는 것이 중요하다.

2. 네트워크 관리자가 하는 일

네트워크가 고장 나거나 접속 상에 문제가 발생한다면 개인이나 기업의 신뢰도에 상당한 타격을 입힐 것이다. 따라서 네트워크의 안정성 및 신뢰성을 추구하는 전문가로서 네트워크 관리자의 역할이 매우 중요하다. 하는 일을 구체적으로 살펴보자.

먼저 네트워크 시스템의 관리와 운영을 위한 지침서를 마련하고 실시간으로 시스템의 운영 상태를 모니터링 및 관리한다. 이때 시스템의 고장 및 이상 발견 시 문제점을 파악하여 신속하게 복구한다.

시스템에 대한 보안 정책을 수립하고, 외부 네트워크를 통한 해킹 방지를 위해 노력한다. 네트워크의 장애 예방과 개인 정보 유출을 차단하기 위하여 백신 소프트웨어를 설치하고 해킹에 대비한 방화벽 설치 등 제반 보안 관리 업무를 수행한다.

그리고 관리적 측면에서 네트워크에 연결된 사용자 PC, 서버 컴퓨터, 주변 기기 등 주소 체계를 설정 및 부여하고, 조정, 관리한다. 또한 네트워크 이용자에게 이메일이나 ID 등의 관리, 네트워크 프로토콜 및 서비스에 대한 설치 지원과 교육, 네트워크 접속에 관한 기술적 지원 등을 하는 것도 네트워크 운영 관리자의 업무이다.

이 외에 네트워크 기술 및 각종 프로토콜과 서비스를 지속적으로 업그레이드시켜 네트워크 성능과 기능의 향상 등을 추구한다. 그리고 네트워크 시스템의 변경 및 확장 시 신규로 조달된 시스템을 설치하고, 기능 및 성능을 시험하고 평가한다. 외부망과 연동되는 통신회선(전용선, 전화망 등)에 대해서 외부망 사업자와의 긴밀한 협조 아래 안정적인 관리를 유지해 나가는 업무를 한다.

기업에서 근무할 경우 주로 네트워크 유지·보수 업체나 장비 업체를 관리한다. 또한 이후 기업의 비즈니스 환경을 최적화하는 데 필요한 회선의 증설, 장비나 신기술의 도입 등을 결정하는 일 또한 네트워크 관리자의 몫이다.

3. 네트워크 관리자가 되는 방법

네트워크 관리자가 되려면 대학에서 전산학이나 컴퓨터공학, 전자공학, 응용소프트웨어공학 등을 전공하여 취업하는 것이 일반적이다. 그 밖에 학원에서 네트워크 시스템 관리를 위한 전문 지식과 기술을 배워야 한다.

관련 자격증으로 정보처리기사, 시스템관리전문가, 정보관리기술사, 전자계산조직 응용기술사 등이 있으며, 다양한 국제자격증도 있다. 이러한 자격을 취득하면 업무 수행에 유리하다.

한국IT서비스산업협회, 한국정보기술연구원, 한국정보통신자격협회 등에서 정보를 얻을 수 있다.

취업은 기업체나 공공 기관, 대학, 병원 등의 전산실, 전산 시스템을 전문적으로 관리해 주는 SI(시스템 통합) 업체, IT 개발부, 통신업체, 연구소, 네트워크 공사업체, 시스템 업체, 데이터 센터, 관련 장비 판매 및 제조업체 등에 가능하다. 그 외에도 네트워크가 구축된 곳은 어디든 네트워크 관리자가 필요하다.

네트워크 시스템을 설계하기 위한 관련 기술과 장비, 소프트웨어 등에 대한 전반적인 지식이 필요하다. 고객에게 필요한 네트워크 시스템이 무엇인지, 어떠한 관리를 필요로 하는 것인지를 파악할 수 있도록 분석적 사고와 효과적인 대화 기술이 필요하다. 또

한 네트워크에 문제가 발생했을 때 당황하지 않고 꼼꼼하고 침착하게 대처할 수 있어야 하며, 데이터 센터 등과 같은 통합된 환경에서 24시간 운영 지원을 하는 경우도 있으므로 체력 관리에도 신경 써야 한다.

4. 네트워크 관리자의 직업적 전망

네트워크 관리자의 고용 전망은 밝을 것으로 예상된다. 2016년 한국고용정보원의 「중장기 인력수급 수정전망 2015~2025」에 따르면, 네트워크 시스템 개발자는 2015년 약 1만 명에서 2025년 약 1만 3,000명으로 향후 10년간 약 2,800명(연평균 2.4%) 증가할 것으로 전망된다.

디지털 홈, IPTV, 원격교육, 소셜 네트워크 서비스(SNS) 등 다양한 네트워크 서비스의 발달로 언제 어디서나 통신하고 협업하는 네트워크 환경이 조성되고 있다. 최근에는 차세대 정보 인프라로서 광대역 통합망(BcN) 구축으로 네트워크 산업의 발전에 기여하고 있다.

특히 사물인터넷(IoT) 확산 등으로 네트워크 대상이 사람 중심에서 사물까지 확대되어 새로운 가치가 창출되고 있어 새로운 시장이 형성되기 시작했다. 초 실감형 미디어(UHD TV, 홀로그램 등), 빅데이터, 클라우드 환경 등은 현재보다 10배 이상 유·무선망의 트래픽 수요를 만들어 낼 것으로 예측되고 있다.

게다가 스마트폰이 데이터 통신 중심으로 이용 형태가 변화하면서 데이터 통신 기술이 구현되는 데 필요한 네트워크 시스템 관련 인력의 수요가 높아지고 있다.

또한 근거리 통신망(LAN), 원거리 통신망(WAN), 부가 가치 통신망(VAN) 등 네트워크 수요의 증대와 유무선 네트워크 통합, 유비쿼터스 환경을 통한 모바일 시스템의 이용, 무선 네트워크 증가, 홈 네트워크의 확대, 클라우드 컴퓨팅 환경의 확대 등으로 네트워크 시스템에 대한 연구와 개발에 투자가 늘고 있다. 앞으로도 기업 및 공공 부문의 신규 사업 추진 등으로 네트워크 시장의 성장이 완만하게 증가할 것으로 기대되고 있어 네트워크 관리자의 수요는 계속될 것이다.

03
데이터베이스 개발자

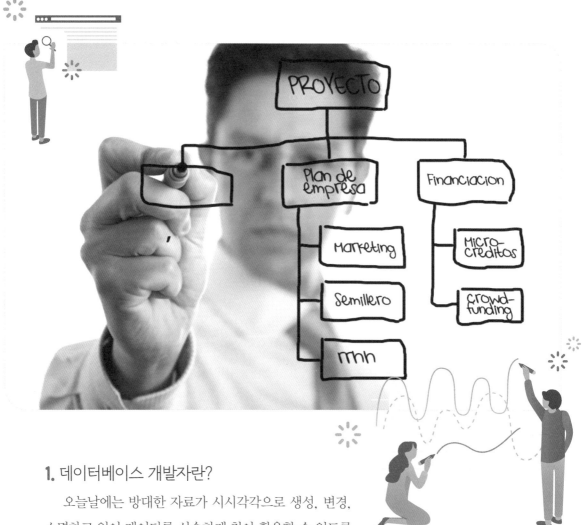

1. 데이터베이스 개발자란?

오늘날에는 방대한 자료가 시시각각으로 생성, 변경, 소멸하고 있어 데이터를 신속하게 찾아 활용할 수 있도록 해 주는 데이터베이스(DB, Data Base) 구축이 필요하다. 데이터베이스는 다양한 데이터 자원의 공유를 목적으로 상호 관련이 있는 데이터를 체계적으로 모아놓은 것이다. 데이터베이스 서비스는 컴퓨터의 기억 장치에 대량의 데이터를 축적하고 필요한 데이터를 검색하여 제공하는 서비스이다.

데이터베이스 개발자는 관리용 소프트웨어인 데이터베이스 관리 시스템(DBMS, DataBase Management System)을 구축하고 효과적으로 관리, 운영, 튜닝하는 사람

이다. 이들은 방대한 데이터들을 효율적으로 처리하고 관리할 수 있도록 오라클, MS SQL, My SQL, 인포믹스, 사이베이스, DB2 등의 도구(tools)를 이용하여 정형화된 데이터를 구축한 데이터베이스 관리 시스템을 이용한다.

◐ 데이터베이스 제품들

2. 데이터베이스 개발자가 하는 일

먼저 데이터베이스의 범위와 용도, 주 이용자, 용량, 저장 공간, 처리 속도 등을 고려하여 기획한다. 설계 과정에서는 사용자 등록 관리, 자료 백업 및 복구 절차, 보안 정책 등을 고려한다. 정보가 대용량이거나 각종 위험 요소가 있을 때 자료 관리에 대한 총체적인 컨설팅을 수행한다.

이들은 데이터의 물리 구조를 설계, 데이터 가공, 입력, 편집 등을 한다. 온라인 업무를 위한 라인을 설계하고, 데이터베이스의 크기를 산정하고 최적화한 배치를 하여 온라인 가동 환경을 구축한다.

이 외에도 구축한 데이터베이스 및 온라인 성능의 추이를 분석하고 소프트웨어를 변경하거나 버전을 변경하여 튜닝하며, 데이터베이스의 용량을 관리한다.

교대 업무 시 시스템 가동을 정지하고 시스템을 감시하며, 데이터 백업, 출력물 관리, 각종 통계자료 후처리 등을 실시하기도 한다. 그리고 신규 구축 또는 변경 시 사용자 교육과 기술 지원을 하며 사용자의 불편 및 요구 사항을 수시로 수집하여 차후 시스템의 변경 및 업그레이드 시에 이를 반영토록 한다.

3. 데이터베이스 개발자가 되는 방법

데이터베이스 개발자가 되려면 전문 대학 및 대학에서 공학교육과, 문헌정보학과, 수학과, 응용소프

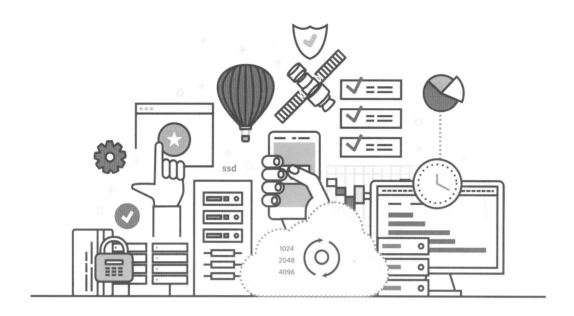

트웨어공학과, 전자공학과, 정보·통신공학과, 컴퓨터공학과, 통계학과 등을 전공하고, 데이터베이스 관련 실무 경험이 있으면 취업에 유리하다. 또한 관련 전공을 하지 않았더라도 교육 기관에서 OS, 데이터베이스 구조, 시스템 관리 등에 대해 배워 취업하는 경우도 있다.

관련 자격증으로는 정보관리기술사, 정보처리(산업)기사 등 국가 기술자격과 마이크로소프트사의 MCDBA, OCP, OCP–DBA 등이 있으며, 외국 전문자격을 취득하면 취업에 유리하다. 관련 기관으로는 한국데이터베이스진흥원(www.kdata.or.kr)이 있다.

취업이 되면 고객의 데이터베이스 구축 기간 중에는 고객의 기업체에 파견되어 근무하기도 한다. 이후 데이터베이스 개발자로서 경험과 지식이 축적되면 데이터베이스 컨설턴트로도 진출할 수 있다.

데이터베이스 개발자는 설계 및 관리의 목적을 이해하여 최적의 분석과 혁신적인 디자인 설계를 할 수 있는 논리적인 사고력과 응용력이 필요하다. 또한 데이터는 조직의 핵심적인 정보에 해당하기 때문에 보안에 대한 책임감이 투철해야 하고, 시스템에 문제가 발생하면 신속히 복구할 수 있는 전문성이 요구된다.

4. 데이터베이스 개발자의 직업적 전망

웹 기반 산업이 나날이 발전하고 있어 데이터베이스 산업은 계속 발전할 것으로 보인다. 2016년 국내 데이터산업 사업체 수는 6,726개이며, 국내 데이터산업 시장 규모

는 2015년 13조 3,555억 원, 2016년은 13조 6,832억 원으로 전년 대비 2.5% 성장할 것으로 나타났다. 이는 정부의 장기적인 계획 및 업계의 해외 진출, 사업 영역 확장에 따른 성과이다.

데이터 개발자는 2016년 3만 8,948명이었고, 향후 3년 내 추가로 필요한 데이터 개발자는 5,906명이 필요할 것으로 전망된다.

그 배경에는 인터넷 보급과 확대, 유무선 네트워크의 연계, IT산업과 각종 산업과의 융합, 개인 신용정보 서비스의 확대, 지리와 장소 정보의 결합을 통한 증강현실(Augmented Reality) 서비스의 확산, 기업의 ERP, 클라우드 컴퓨팅 등 각종 정보 시스템의 확대 등이 있다.

국내 DB 산업 시장 규모 및 전망

(단위: 억 원)

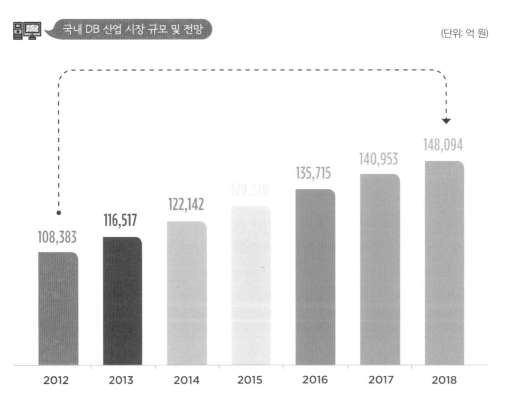

2012	2013	2014	2015	2016	2017	2018
108,383	116,517	122,142	129,279	135,715	140,953	148,094

※ 자료: 한국데이터베이스진흥원

04
컴퓨터 하드웨어 기술자

1. 컴퓨터 하드웨어 기술자란?

컴퓨터가 작동하기 위해서는 컴퓨터 시스템, 주변 장치 및 액세서리의 장치 등이 필요하다. 컴퓨터 하드웨어 기술자는 이러한 컴퓨터 관련 장비를 설계하고 개발하는 일은 물론, 제조 과정 및 설치 과정을 감독하는 일을 한다. 각종 컴퓨터가 작동하는 데 필요한 본체(메인보드, 중앙 처리 장치(CPU), 그래픽카드 등), 저장 장치(하드디스크 드라이브, ODD(광학 디스크 드라이브), USB 메모리 등), 입력 장치(마우스, 키보드 등), 주변 장치(프린터, 모뎀 등), 네트워크 장비, 메모리 반도체, 비메모리 반도체(CPU 등), 사운드카드, 그래픽카드 등의 설계 및 개발 업무를 담당하게 된다.

2. 컴퓨터 하드웨어 기술자가 하는 일

컴퓨터 시스템과 주변 기기에 대한 지식을 바탕으로 컴퓨터 시스템, 주변 장치 및 액세서리 등 컴퓨터 하드웨어 제품을 설계하고 개발한 후 전체적인 시스템을 설계하여 설치하는 업무를 한다. 컴퓨터 하드웨어 기술자가 하는 일을 자세히 살펴보자.

(1) 제품 개발 계획

이용자들이 기존 제품에 대해 기능 향상을 요구하거나 새로운 기능에 대해 추가 요구 사항 등이 있을 경우 신제품 개발 계획을 세운다. 제품의 기능성과 경제성, 생산성 등을 고려하여 개발한다.

(2) 제품 검수 및 분석

제품이 기능적으로 잘 작동하는지와 전기적, 환경적 문제에 대해 시험한다. 또한 구조 입력, PC보드 플로어 계획, 고속 신호 분석 등을 수행한다. 칩이나 조정 장치와 같은 컴퓨터 하드웨어의 제조를 감독하고 로직 디자인과 시뮬레이션을 이용하여 하드웨어 제품을 검사한다.

(3) 제품 제작

기획에도 참여하며 디자인, 상품성, 운영 방법 등을 고려하여 생산 여부 등을 결정한다. 구체적인 사양과 기능이 결정되면 해당 구성품의 조합을 통해 최적의 기능이 되도록 제품을 설계한다.

본격적으로 제품을 제작하기 전에 시제품을 제작하여 테스트하고 기능상의 문제, 안정상의 문제, 환경 관련 적정성 등을 점검한다. 연구실에서 만든 제품을 공장에서 실제 생산에 적용하기 위해 풀어야 할 기술적 문제를 다루며 생산 관리를 한다. 제품 개발과 관련된 특허 출원이나 기술서, 보고서들을 작성한다.

최근에는 컴퓨터 설계 자문, 유지 · 보수 등과 관련된 업무가 강화되고 있으며, 무엇보다도 신제품에 대한 기획 업무가 중요해지고 있다. 그리고 노트북, PDA, 태블릿 PC, 스마트 패드, DMB, 가전제품, 자동차 등에서 활용되는 컴퓨터를 설계하기도 한다. 마지막으로 제도사, 기술자 및 기타 엔지니어를 관리하는 업무도 한다.

3. 컴퓨터 하드웨어 기술자가 되는 방법

컴퓨터 하드웨어 기술자가 되기 위해서는 대학에서 정보통신공학, 전자공학, 전기전자공학, 컴퓨터공학, 반도체·세라믹공학과, 전산공학, 전기공학, 제어계측공학 등을 전공하면 유리하다.

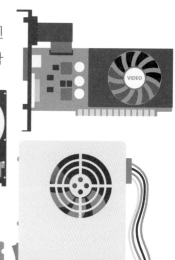

관련 국가기술자격으로는 정보통신기사(산업기사), 전자산업기사, 컴퓨터 활용능력, 컴퓨터그래픽스 운용기능사, 기술사(국가기술), 전자계산기기기사(기술사), 전자계산기기능사 등이 있다. 관련 기관으로는 한국정보통신진흥협회, 한국정보기술연구원이 있다.

컴퓨터 제조업체 등 업계에서는 대학교 졸업 이상자를 대상으로 공채나 수시 채용을 하며, 연구 및 개발 파트에서는 석·박사 학위 취득자를 대상으로 특별 채용을 하기도 한다.

컴퓨터 시스템을 설계하고 개발하기 위해서는 기술사나 기사 수준의 기술력이 필요하며, 더 높은 수준의 이론적 지식을 갖추고 집중적인 현장 훈련을 받아야 한다. 기본적으로 컴퓨터를 좋아해야 하고, 전기·전자·기계 분야에 흥미가 있고, 수학이나 물리, 화학 등 이과 계열 과목에 적성이 있는 사람이 유리하다. 가장 중요한 점은 계속되는 제품 개발 업무에 맞는 끈기와 탐구적인 태도가 필요하다.

그 외에도 컴퓨터 관련 도서나 문서가 영어로 된 것이 많고, 외국 업체와 함께 일할 때가 많으므로 영어 능력을 갖추는 것도 필요하다.

4. 컴퓨터 하드웨어 기술자의 직업적 전망

컴퓨터 하드웨어 분야는 처음에는 전자공학의 한 영역이었으나 관련 기술과 품목의 범위가 매우 넓고 시장이 커서 특화된 것이다. 대학에서도 전자공학과에서 독립하여 컴퓨터공학과로 분과한 경우를 많이 볼 수 있다.

제품 개발이나 생산이 시작되는 단계와 개발이 마무리되는 단계에서는 잔업이나 야근을 하기도 한다. 연구원의 경우에는 근무 시간이 다소 자유로운 장점이 있지만 실제 개발에 몰두하게 되면 제조 현장의 기술자보다 회사에 있는 시간이 많다. 제조 현장에서 근무하는 기술자들은 생산 공장의 근무 시간 및 근무 형태와 같다. 이들은 신제품을 개발하거나 이를 생산에 적용하기 위한 연구를 해야 하기 때문에 그에 따른 정신적 중압감이 크다. 기술적으로 어려움이 생길 수 있으며, 납기를 맞추는 문제 등으로 스트레스가 발생할 수 있다. 그러나 전기, 전자적 현상을 분석하고 연구하고 신제품을 개발하는 것에 적성이 맞는 사람은 자부심과 기쁨을 느낄 수 있다.

2013~2014년도 월평균 수입은 332만 원이다. 『산업·직업별 고용구조조사』에 의하면 컴퓨터 하드웨어 기술자는 3,400명이다.

향후 5년간 컴퓨터 하드웨어 기술자의 고용은 다소 감소하거나 현 상태를 유지할 것으로 전망된다. 국내 PC 산업이 모바일과 클라우드 컴퓨팅의 확대로 도전받고 있기 때문이다. 한국인터넷진흥원의 인터넷 이용 실태조사에 따르면, 국내 컴퓨터 보유율은 2012년 82.3%를 정점으로 하향 추세에 있는데, 2015년 기준 77.1%로 전년도 78.2%보다 −1.1% 감소한 것으로 나타났다. 데스크톱 PC보다는 노트북, 태블릿, 스마트패드 등 휴대하기 편리한 이동기기(mobile device)가 선호되고 있고, 클라우드 컴퓨팅 중심으로 시장이 재편되고 있기 때문이다.

다만, 현재 IoT, 로봇, 드론 등 하드웨어와 소프트웨어가 결합한 형태의 IT 기술이 크게 주목을 받고 있어 컴퓨터 하드웨어 기술자의 수요는 어느 정도 있을 것으로 전망된다.

그러나 데스크톱 PC의 수출 감소, 국내 컴퓨터 하드웨어 생산업체의 해외 이전, 컴퓨터 제조업체 아웃소싱 증가 등은 고용에 부정적인 요인으로 작용할 것으로 보인다.

🔺 컴퓨터 주변기기

05
시스템 소프트웨어 개발자

1. 시스템 소프트웨어 개발자란?

사람들은 컴퓨터를 이용해 문서를 만들거나 메일 등을 주고받는다. 이러한 일이 가능해진 것은 프로그램과 관련된 상용 소프트웨어 덕분이다.

시스템 소프트웨어는 컴퓨터 하드웨어를 운영하기 위한 운영 체제를 제어하는 기본 소프트웨어이고 응용 소프트웨어 구동을 위한 플랫폼이다. 컴퓨터 하드웨어의 가장 기본적인 동작과 제어를 담당하는 컴퓨터 바이오스, 장치 펌웨어가 있다. 그리고 다양한 장치들(메모리, 디스크, 키보드, 모니터 등)을 통합하여 이들의 동작과 제어를 담당하는 운영 체제(OS)와 플랫폼 소프트웨어로서 데이터를 다양한 목적에 따라 좀 더 복잡하게 관리하고 제어할 수 있는 데이터베이스 관리 시스템(DBMS) 등이 있다. 윈도나 유닉스, 리눅스, MS-DOS, 모바일 OS, C언어나 베이식 등의 언어 번역 프로그램과 백신 프로그램 등의 시스템 유틸리티 소프트웨어 등도 시스템 소프트웨어에 포함된다.

이러한 소프트웨어를 전문적으로 개발하고 활용하는 사람을 시스템 소프트웨어 개발자라고 한다.

2. 시스템 소프트웨어 개발자가 하는 일

시스템 소프트웨어 개발자가 하는 일을 구체적으로 살펴보면 다음과 같다.

(1) 제품 개발 계획

시장 조사와 경쟁 업체의 제품 및 세계 소프트웨어 업계의 기술 변화 등을 분석하여 새로운 기능과 성능을 갖춘 시스템 소프트웨어를 기획하고 개발한다.

장치 드라이버를 개발하기도 하며 MP3, 휴대폰, 홈 네트워킹 등 무선 환경에 사용되는 임베디드 시스템 소프트웨어, 미들웨어, 펌웨어 등의 프로그램을 개발하기도 한다.

개발 과정은 기획 → 분석 단계 → 설계 단계 → 코딩 단계 → 시험 단계 → 완성의 과정을 거친다.

먼저 어떤 소프트웨어를 개발할 것인지를 기획한다. 그리고 나서 분석 단계, 설계 단계, 코딩 단계, 시험 단계의 절차를 거쳐 소프트웨어를 완성한다. 분석 단계와 설계 단계가 끝나면 설계서를 바탕으로 선정된 개발 언어를 사용하여 프로그램을 구현한다.

코딩 단계가 완료되면 개발자 단위 시험을 거쳐 베타버전을 만들고, 베타버전을 컴퓨터 시스템에 설치하여 기능이 원활하게 작동되는지, 보안 상 문제점이 없는지 테스트를 한다. 또한 각 기능 간의 통합과 기능의 완전성을 검증하기 위한 통합 테스트, 동시에 많은 사용자가 사용할 때를 대비한 성능 시험 등 다양한 테스트를 수행한 후 완제품을 출시한다.

임베디드	어떤 제품이나 솔루션에 내장되어 그 제품 안에서 특정한 작업을 수행하도록 하는 컴퓨터 시스템이다. 예를 들면 통신 및 미디어 제품, 백색가전제품, 자동차, 항공기, 반도체, 우주왕복선, 원자력 발전 제어 장치 등과 같은 곳에서 기기를 구성하는 하드웨어와 소프트웨어를 유기적으로 구성한다.

미들웨어	서로 다른 기종 간의 서버와 클라이언트들을 연결해 주는 소프트웨어로, 애플리케이션을 연결해 서로 데이터를 교환할 수 있도록 도움을 준다.
펌웨어	일반적으로 롬에 저장된 하드웨어를 제어하는 마이크로프로그램을 의미한다. 기기나 장비의 성능을 향상시키거나 버그 등을 잡아내는 소프트웨어이다.

(2) 기능 분석 및 평가

개발된 시스템 소프트웨어를 컴퓨터에 설치, 시험 운영하여 시스템 소프트웨어의 기능과 성능을 평가하고 분석한다.

(3) 자문

시스템 소프트웨어의 사용자 교육과 기술 자문을 지원하기도 하며, 새로운 시스템 소프트웨어 관련 기술을 조사하고 연구한다.

3. 시스템 소프트웨어 개발자가 되는 방법

시스템 소프트웨어 개발자가 되기 위해서는 대학에서 컴퓨터공학, 정보통신공학, 소프트웨어개발과, 소프트웨어공학, 컴퓨터소프트웨어 등을 전공하면 유리하다. 각종 OS, 프로그래밍 언어, 데이터베이스, 네트워크, 소프트웨어 공학이론 등을 공부하고 개발 실습을 한다. 전공하지 않은 경우는 정보통신 관련 학원이나 직업 훈련 학교 등에서 시스템 소프트웨어나 임베디드 전문가 과정 등을 통해 관련 교육을 받을 수 있다.

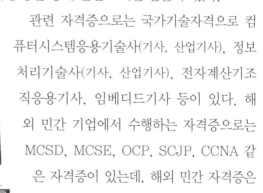

관련 자격증으로는 국가기술자격으로 컴퓨터시스템응용기술사(기사, 산업기사), 정보처리기술사(기사, 산업기사), 전자계산기조직응용기사, 임베디드기사 등이 있다. 해외 민간 기업에서 수행하는 자격증으로는 MCSD, MCSE, OCP, SCJP, CCNA 같은 자격증이 있는데, 해외 민간 자격증은 국제적으로 권위가 인정되고 업계에서 통용되므로 국내 및 해외 취업에 도움이 된다. 관련 기관으로는 한국정보통신공사협회, 한국정보통신진흥협회, IT종합정보데이터베이스가 있다.

시스템 소프트웨어 개발업체, 미들웨어업체, 전산 및 통신장비업체 등에 취업하며 전문대졸 이상만 채용하는 경우가 많다. 특히, 정보통신 분야에서 다년간의 경험과 전문성을 갖춘 인력을 선호한다. 취업하더라도 소프트웨어 개발업체 등에 진출하여 처음에는 비교적 단순한 코딩 작업 등을 하다가 점차 업무에 대한 분석과 설계 작업을 하게 된다. 그 후 경력이 쌓이면 프로젝트 매니저(PM)가 되어 프로젝트를 관리하면서 분석 베타버전에 대해 에러, 보안 등을 감독하는 일도 하게 된다. 실무 경력을 살려 정보 보안 전문가나 IT 컨설턴트 등으로 옮기기도 하며, 관련 업체를 본인이 직접 창업하기도 한다.

컴퓨터 시스템에 대한 전문적 지식과 프로그래밍 능력이 필요하고, 새로운 아이디어를 낼 수 있는 혁신적 사고 능력과 기획 능력이 요구된다.

4. 시스템 소프트웨어 개발자의 직업적 전망

시스템 소프트웨어 개발자는 다른 직업과 비교하여 임금 및 복리후생이 높은 편이다. 자기 계발 가능성이 높고 능력에 따른 승진 및 직장 이동 가능성이 매우 높은 편이다. 또한 근무 시간이 길지만 규칙적이고 정신적 스트레스가 심한 편이다. 개발 마감일에 맞추기 위해 시간에 쫓기거나 개발 도중 문제가 발생할 때 특히 그렇다. 능력에 따라 성과급이 지급되어 고액의 연봉을 받을 수 있다.

2016년 정보통신산업진흥원에 따르면 현재 국내 시스템 소프트웨어 시장 규모는 약 2조 3,564억 원 정도이고, 지속적인 성장을 통해 2019년 3조 4,037억 원 수준으로 4.4% 증가할 것으로 전망된다.

앞으로도 시스템 소프트웨어 개발자의 고용은 증가할 것으로 보인다. 2016년 한국고용정보원의 「중장기 인력수급 수정전망 2015~2025」에 따르면, 2015년 약 7만 8,000명에서 2025년 약 8만 9,000명으로 향후 10년간 약 1만 1,100명 증가할 것으로 전망된다.

시스템 소프트웨어는 미래 정보 기술의 가장 핵심이 되는 고부가 가치성 소프트웨어로서 고도의 기술 집약적 특성을 가지며, 향후 미래 정보 기술을 주도해 나갈 것으로 기대된다. 최근 이동단말기의 다양화, 오픈 소프트웨어의 보급 확대, 방송과 통신이 결합한 IPTV 시장 활성화, 그리고 기기와 장비의 디지털화가 가속화되고 있어서 운영 프로그램 등을 개발하는 시스템 소프트웨어 개발자에 대한 인력 수요가 증가하고 있다. 또한 IT와 비 IT 업종 간 융합이 활발해져 임베디드 소프트웨어 등으로 투자와 인력 수요가 늘고 있다. 이처럼 소프트웨어와 하드웨어의 기능 영역이 모호해지고 상호 연계 작업이 요구됨에 따라 시스템 소프트웨어 개발자의 일자리 전망은 더욱 밝다고 볼 수 있다.

국내 시스템 SW 시장 전망

(단위: 억 원)

구분	2015	2016	2017	2018	2019
운영 체제	1,320	1,348	1,395	1,501	1,620
데이터 관리 SW	8,825	9,982	11,242	12,858	14,672
스토리지 SW	1,887	1,987	2,092	2,203	2,320
SW 공학 도구	916	940	969	1,004	1,039
가상화 SW	4,392	5,603	7,306	8,743	10,274
시스템 보안	3,596	3,704	3,831	3,979	4,112
합계	20,935	23,564	26,835	30,288	34,037

※ 자료: 정보통신산업진흥원, '글로벌 사용 SW 백서, 2016'

06
스마트폰 애플리케이션 개발자

1. 스마트폰 애플리케이션 개발자란?

스마트폰은 언제 어디서나 자유롭게 사용할 수 있는 손
안의 컴퓨터와 같다. 무선인터넷이나 여러 브라우징 프로그램을 이용하여 다양한 방법
으로 접속할 수 있다. 사용자가 다양한 애플리케이션을 통해 자신에게 알맞은 인터페이
스를 구현할 수 있고 같은 운영 체제를 가진 스마트폰 간에 애플리케이션을 공유할 수
있어 편리성과 장점이 무궁무진하다.

스마트폰 애플리케이션 개발자는 스마트폰이나 태블릿 PC 등의 운영 체제에서 사용
하도록 개발된 응용 프로그램인 애플리케이션(app)을 개발하는 사람이다. 개발된 앱에
대한 오류를 수정하고 새로운 버전으로 업그레이드하는 업무를 한다.

2. 스마트폰 애플리케이션 개발자가 하는 일

스마트폰을 기반으로 한 각종 게임, 인터넷 검색, 방송, 교육, 전자책, 음악 서비스, GPS 등의 적용이 가능하도록 프로그램을 짜거나 애플리케이션을 개발하는 일을 한다. 개인이 개발한다면 DB 관리까지도 하는 경우도 있다. 보통은 팀 혹은 애플리케이션을 만드는 회사에서 근무하는 개발자는 개발만을 맡아 한다. 애플리케이션을 개발하는 과정은 크게 기획, 제작, 유통의 단계로 나뉜다.

(1) 기획 단계

개발하는 앱의 규모에 따라 분야별 전문가인 기획자, 디자이너, 프로그래머가 팀을 이루어 작업하는 경우도 있으나 기획자가 개발자를 겸하는 경우가 많다.

한 예로 게임 애플리케이션을 개발하는 과정을 살펴보자. 먼저 기획 단계에서는 무엇을, 어떻게, 어떤 형태로 만들지 기획을 한다. 이때 유사한 게임이 있는지, 기존의 게임과 어떤 차별성을 둘 것인지, 이 게임의 수요자는 누구로 설정할 것인지, 기술적인 장벽은 없는지, 상품화한다면 시장성은 있는지, 시장에서 어느 정도 성공할 수 있을지 등을 검토한다.

시장성을 확인하고 게임을 만들기로 결정했다면, 개발자는 게임 프로그램을 개발한다. 새롭고 독특한 이미지나 그래픽을 원하는 스마트폰 수요자의 특성상 그래픽 디자이너와의 협업이 중요하다.

개인정보관리시스템(PIMS, personal information management system) 및 DB 애플리케이션을 개발하는 경우에는 주소록, 폰북, 캘린더, 일정 관리, 명함 관리 등 개발할 기능을 정하고 데이터 동기화 및 전송 기술, 데이터와 웹 서비스와의 연동 기술을 응용하여 개발한다.

(2) 제작 단계

휴대폰 단말기의 기능, 요구 조건, 제약 사항 등을 분석하고 개발할 애플리케이션의 목표 기능을 정한다. 예를 들어 게임 애플리케이션을 개발하는 경우에는 단말기의 실행 메모리, 실행

속도, 코드 사이즈의 최적화를 고려하고 터치, 근접 센서, 가속도 센서 등을 활용하여 개발한다. 개발이 완료되면 내부에서 테스트를 실시하는데, 오류와 보강할 요소를 확인한다.

(3) 유통 단계

마지막으로 제작한 애플리케이션을 다양한 방법으로 검증한 후에 스토어에 등록하면 판매가 이루어진다. 안드로이드 운영 체제의 경우 윈도 기반의 컴퓨터로 앱 개발이 가능하지만, 아이폰의 앱을 개발하기 위해서는 맥 운영 체제의 PC나 아이폰, 아이팟 터치 등이 필요하다. 게임의 경우 등급 심의를 받기도 하고, 실제 서비스를 하면서 문제가 되는 부분에 대해서는 수정 및 최신 버전으로 업데이트를 실시한다.

3. 스마트폰 애플리케이션 개발자가 되는 방법

스마트폰 애플리케이션 개발자가 되기 위해서는 애플리케이션 개발만을 배우는 전공은 별도로 없기 때문에 대학에서 컴퓨터공학과, 전산(공학)과, 소프트웨어공학과, 응용소프트웨어공학과, 게임공학과 등을 전공하면 유리하다. 비전공자라도 앱을 개발하는 동아리 활동을 하거나 6개월~1년 정도의 훈련을 받으면 취업이 가능하다. 학원도 있지만, 인터넷 커뮤니티 등을 통해 개인적으로 공부하는 사람들이 많은 편이다. 자바 관련 자격증인 OCJP, LPIC, 리눅스마스터 등이 취업에 도움이 될 수 있다.

졸업 후에는 모바일 앱 개발 회사, 정부 기관의 연구소나 비영리 단체 등에 취업한다. 참신한 아이디어와 그 아이디어를 표현할 수 있는 기술이 있다면 충분히 창업까지도 가능하다. 기업들의 요구에 맞는 '맞춤형 앱'을 내놓는 개발 회사나 프리랜서도 적지 않다.

프로그래밍 기술은 기본이고, 스마트폰에 재미를 주는 요소를 콘텐츠에 적용하는 창의력과 응용력을 갖추어야 한다. 또한 고객들이 점차 화려하고 감각적인 그래픽을 요구하는 경향이 늘고 있기 때문에 그래픽에 대한 감각도 갖춰야 한다.

4. 스마트폰 애플리케이션 개발자의 직업적 전망

근무 환경은 기존의 소프트웨어 또는 게임 개발사와 크게 다르지 않다. 고객과 약속한 개발 마감일에 맞추기 위해 늦은 시간까지 잔업을 하기도 한다. 오류 없는 프로그램을 개발하고, 버그를 잡기 위해 끊임없이 테스팅하는 과정에서 스트레스를 받을 수 있다.

임금 수준은 기업에 소속되어 있는 경우, 업체 규모와 경력에 차이가 있지만, 보통 3,000~5,000만 원 수준이다. 개인 개발자의 경우 앱을 유료로 판매하는 만큼 수익을 올릴 수 있다. 현재 기업에 소속되지 않고 '1인 개발자'의 형태로 수익을 올리는 개인도 많기 때문에 종사자 수를 정확하게 파악하기는 매우 어렵다.

2009년 말 아이폰 출시 이후 앱 시장은 크고 작은 업체가 시장에 뛰어들면서 한마디로 춘추전국시대라고 할 수 있다. 포털 사이트, 은행의 모바일 뱅킹 서비스, 영화 예약 시스템, 교육용 소프트웨어, 게임, 음악, 뉴스, 여행, 날씨 등 온라인으로 누렸던 서비스가 앱으로 구현되고 있다.

스마트폰 시장이 폭발적으로 커지면서 앱 개발자에 대한 수요도 함께 증가했고 현재는 주춤한 상황이다.

하지만 더욱 편리하고 재미있는 콘텐츠를 원하는 사용자들의 요구가 사라지지 않는 한, 앱 개발자에 대한 수요도 줄어들지는 않을 것으로 보인다.

현재 전 세계 스마트폰 사용자들을 상대로 글로벌 모바일 앱 시장이 폭발적으로 성장하고 있어 스마트폰 애플리케이션 개발자의 직업 전망을 밝게 해 주고 있다.

Q 지금 제닉스 스튜디오라는 회사를 운영하고
계신데 어떤 일을 하는 회사인지 소개해 주
세요.

처음 출발할 때는 프로그램 개발을 주로 했고요. 이
후 국내에 아이폰이 출시되면서 애플리케이션 개발을
시작하게 됐습니다. 지금은 TV에 올라가는 프로그램
이라든가 다양한 하드웨어도 만들고요, 〈더 기어〉라는
IT 매체도 운영하고 있어요. 전자신문처럼 IT와 관련
제품을 주로 다루는 매체예요. 온라인 기반의
미디어라고 생각하면 될 것 같습니다.

Q 회사 창립 전에는 어떤 일을 하셨나요?

대학에서 소프트웨어 공학을 전공하던
중에 스타크래프트, 디아블로 게임을 유
통하던 '한빛소프트'라는 회사의 개발자로 들어갔어요.
제가 프로그램을 하나 만들어서 공개한 적이 있는데,
그게 인기를 얻으면서 취직하게 된 거였죠.

Q 어떤 프로그램이었길래 취직으로까지 이어
졌을까요?

'디아블로2 언어변환기'라는 건데요. 그
게임이 해외에서는 영문판으로 나왔고, 한국에서는 한

글판으로 출시가 됐는데 번역을 정말 이상하게 해놓은
거예요. 게임마다 아이템의 특정한 이름이 주는 느낌이
있잖아요. 예를 들어 '윈드 포스'라고 하면, 그 이름만의
고유한 느낌이 있는 '활'인데, 그것을 그냥 직역해서 '바
람의 활' 이런 식으로 번역해 놓으니까 국내 게이머들이
불만이 많았어요. 이 때문에 PC방에 가면 영문판이 설
치된 자리에 서로 앉으려는 상황이 벌어지게 됐죠. 그
래서 뭐 좋은 방법이 없을까 하다가 언어를 변환하는
프로그램을 만든 거예요. PC방 사장님한테 말해서 그
프로그램을 설치해 놓으니 사람들이 엄청 좋아했어요.

Q 설치비를 받으셨나요?

아뇨, 무료로 그냥 깔아드렸어요. 디아
블로 게임을 즐기는 한 사람으로서 그게
정말 간절했거든요. 그래서 PC방에 설치하고, 커뮤니
티에 공개를 하니까 알음알음 입소문이 퍼지면서 제
프로그램을 다운받아 쓰기 시작했죠. 그때 꽤 많이 쓰
셨어요.

Q 프로그램을 만드는 건 학교에서
배운 건가요?

그때가 스무 살이었으니까 학

교에서 배웠다기보다는 그냥 혼자 해 본 거예요. 어렸을 때 우연히 컴퓨터를 접할 기회가 있었어요. 그게 게임이었는데요. 옛날엔 다 팩을 꽂아서 하는 게임이었거든요. 그런데 팩을 꽂아서 켜면 바로 게임이 되는 건 조금 비쌌고요. 컴퓨터처럼 생겼는데 팩이 들어가는 건 좀 저렴했어요.

그런데 제가 접한 것은 켜면 바로 게임이 되는 게 아니라 그 팩을 로드하는 어떤 코드를 입력해야 게임이 실행되는 것이었어요. 지금 생각해 보면 그게 '베이직'이라는 언어였죠. 게임을 하기 위해서 그 컴퓨터 언어를 외워서 했고, 자연스럽게 컴퓨터랑 친해지게 되었습니다. 그때만 해도 컴퓨터 기초에 관한 책이 아주 쉬웠어요. 컴퓨터 상, 하 이렇게만 익히면 웬만큼 알게 됐거든요. 그러니까 게임을 하려고 7~8살 정도부터 컴퓨터를 공부하기 시작한 거예요. 그러다가 초등학교 5학년 때쯤에 학교 서클 활동으로 비로소 컴퓨터반이 생겨서 본격적으로 프로그램에 대해 배우게 됐습니다.

Q 일찍부터 시작하셨네요? 그럼 제대로 된 프로그램을 처음 만든 건 언제인가요?

중학교 때 동네에 도서대여점이 있었어요. 책을 빌려주는 도서대여점의 관리 프로그램을 만든 것이 첫 프로그램이었어요. 매일 만화책을 빌리러 가는 도서대여점이 있었는데, 사장님이 관리를 너무 힘들게 하시더라고요. 컴퓨터가 있는데도 그걸 사용 못 하시고, 손으로 장부를 일일이 쓰면서 골치 아파 하시는 거예요. 그래서 제가 프로그램을 만들 수 있다고 말씀드렸더니, 사장님이 한번 해 보라고 해서 프로그램을 만들었고, 거금 40만 원을 받았습니다. 그 당시 중학생한테 엄청 큰돈이었거든요. 그걸로 갖고 싶던 휴대용 TV를 샀죠.

Q 중학생이 프로그램을 만들어서 돈까지 벌었으니 부모님들도 놀라셨을 것 같은데요?

그렇죠. 제가 하도 떼를 쓰니까 컴퓨터를 사 주긴 하셨는데, 컴퓨터 때문에 자꾸 밤을 새우고 그러니까 못하게 하셨거든요. 전원 케이블도 숨기고 키보드, 마우스도 숨기고 그러셨는데, 도서대여점 프로그램을 만들고, 또 그게 학교에 소문이 나서 학교 전산 업무 아르바이트를 하게 되고, 그러다가 무슨 조그만 대회도 나갔거든요. 그 대회에서 상을 받으면서 컴퓨터에 대한 부모님의 생각이 바뀌게 되었죠. 애가 컴퓨터로 게임만 하는 게 아니었구나 한번 믿어 보자 이렇게요.

Q 할리우드 키드처럼 IT 키드라고 해야 하나요? 대표님처럼 어릴 때부터 마니아로 자라서 이 업계를 좌지우지하는 분들도 많은가요?

아마 반 이상은 그럴 거라고 생각합니다. 사실은 어릴 때는 그냥 게임이 하고 싶었던 것 같아요. 그런데 그 시절에는 게임이라는 것을 제대로 즐기려면 스스로 해결해야 할 문제들이 많았어요. 컴퓨터가 갑자기 다운된다거나, 저장한 것이 몽땅 날아간다거나 게임이 실행이 안 된다거나. 이런 문제를 하나하나 해결해 나가면서 컴퓨터에 대해 조금씩 배우게 된 거죠. 그럼 또 친구들이 많이 물어봅니다. "야, 이 게임이 안 돼. 어떻게 해야 해?" 그러면 또 그런 것들을 해결해 주면서 더 배우고 인정받기 시작하고, '아! 내가 잘 하는구나' 하고 동기 부여가 되니까 더 관심을 갖고 그렇게 됐던 거 같아요.

Q 그럼 한빛소프트에서 프로그램 개발자로 있다가 바로 회사를 차린 건가요?

중간에 다른 회사에도 있었습니다. 2003년도에 우리나라에 블로그가 처음 들어왔어요. 저는 우연히 블로그를 만들어 글을 쓰기 시작했는데, 블로그 어워드 같은 걸 해서 제 블로그가 Top30에 뽑힌 거예요. 콘텐츠가 좋아서라기보다는 블로그 하는 사람이 별로 없다 보니 Top30 안에 든 거죠. 그런데 다음해 네이버에서 블로그 서비스를 시작하면서, 우리나라에 블로그가 갑자기 천만 개가 생겨 버린 거예요. 그래서 제 블로그는 원래 300개 블로그 중 30위였는데, 순식간에 천만 개 중 Top30 안에 드는 영향력 있는 블로그가 되어 버렸어요.

방문객이 많으니까 더 블로그에 신경을 쓰게 됐고, 저는 주로 IT에 관련된 글, IT 관련 리뷰 같은 것을 주기적으로 올렸습니다. 그것을 계기로 삼성 쪽과 연결이 되어서 삼성의 MP3 플레이어하고 디지털카메라를 마케팅하는 회사를 따로 차리게 됐어요. 요즘 말하는 온라인 마케팅 대행사 같은 형태의 회사였어요. 그 회사는 잘 되진 않았어요. 하지만 10년 이상 거의 하루도 거르지 않고 블로그에 글을 올리다 보니 신제품에 대한 분석력과 IT 업계의 상황 파악 능력이 저도 모르게 쌓이게 됐습니다.

아이폰이 나왔을 때 애플리케이션 개발 회사를 남들보다 빠르게 준비할 수 있었던 것도 그 덕분이었고요. 그리고 그 블로그가 이어져서 지금은 〈더 기어〉라는 IT 매체도 발행하고 있습니다. 그러니까 그냥 흘러오게 된 거예요. 가만히 있다가 갑자기 프로그래머가 되고, 애플리케이션 개발 회사를 차린 게 아니라 컴퓨터를 좋아하다 보니 프로그래머가 되는 길이 열렸고, 내가 관심 있어 하는 것을 블로그에 쓰다 보니 회사를 운영하게 된 거예요.

Q 앱을 개발할 때 아이디어는 어떻게 얻으세요?

아이디어라는 것이, 사실 사람들이 생각해 내는 것은 대부분 다 비슷해요. 그러니까 그 아이디어라는 게 완전히 획기적인 것을 발명하는 것만을 말하는 건 아닌 것 같아요. 지금 통용되고 있는 것을 좀 더 편하게 만든다든지 그런 것도 다 아이디어거든요.

제가 중고등학교 때 하던 훈련 같은 것이 있어요. 그때 프로그램을 다운받는 '심파일'이라는 사이트가 있었는데요. 거기 올라온 1위부터 100위까지의 프로그램을 똑같이 제가 카피해 보는 거예요. 사람들에게 인기 있는 압축 프로그램도 만들고, 백신도 만들고, 그래서 제

70
직장의 세계

PC 안의 모든 프로그램을 제가 만든 것으로 쓰는 거예요. 그게 사실은 그냥 재미 삼아 해 보는 장난 같은 거였거든요. 그런데 지나고 보니 그 연습이 나중에 프로그램을 기획하고 개발하는 데 가장 큰 도움이 됐던 것 같아요. 이 분야에 관심 있는 학생들에게도 저처럼 연습해 보라고 권하고 싶어요. 앱스토어 순위에 있는 것을 다운받아서 직접 사용해 보고, 뭐가 불편한지 계속 생각해 보고, 또 앱 개발 책이 있어요. 그 책을 보면서 앱을 직접 몇 십 개 만들어 보면 "이렇게 만드는 거구나!" 규칙을 깨우치게 될 거예요. 그 시점부터는 내 아이디어를 보태서 나의 앱을 만드는 거예요. 그렇게 지속적으로 연습하다 보면 진짜 앱 개발자가 되어 있는 자신을 발견하게 될 겁니다.

10년 넘게 매일 블로그에 글을 쓴다는 것은 정말 쉽지 않은 일 같은데요. 원래 글을 잘 쓰셨나요?

전혀 아닙니다! 초창기에 제가 쓴 글을 지금 보면 제가 봐도 놀라워요. 절대 잘 쓰지 않았어요. 어쩌다 보니 파워 블로그로 선정이 되어서 일종의 의무감으로 계속 글을 쓰게 됐어요. 그러다 보니 5년쯤 지나서는 확실히 글이 느는 게 느껴지더라고요. 8년쯤 됐을 때는 보통 칼럼니스트들처럼 쓸 수 있게 되었고요. 그러니까 한 가지 일을 10년 정도 하면 뭔가 길이 생기는 것 같아요.

게임을 열심히 하다가 이 자리까지 오게 되셨는데요. 학교에서 진행되는 정규 학업 과정에 대해서는 어떻게 생각하세요? 필요할까요?

필요 없다고는 생각하지 않아요. 수업을 포함한 학교 생활이 단순히 지식을 얻는 것만은 아니라고 생각하거든요. 학교는 어떤 조직의 문화를 익히고, 그 조직이 정해 놓은 규칙 안에서 성장하는 곳이라고 생각해요. 그러니까 앞으로 어떤 직업을 가지고 어떤 일을 하게 되든, 또 세상이 어떻게 변하든 학교생활에 충실해야 한다는 것은 변치 않는 진리라고 생각해요.

저는 솔직히 시간을 좀 무의미하게 흘려보냈어요. 제가 컴퓨터를 잘하니까 진로는 정해졌고, 학교 공부

는 열심히 할 필요가 없다고 생각한 거죠. 그런데 사회에 나와 보니까, 그때 열심히 하지 않아서 불편한 것들이 많이 생기더라고요. 예를 들어 영어만 해도, 지금 엄청 시간과 노력을 들여 공부하고 있거든요. 그때 공부했으면 조금 더 쉽게 갈 수 있었고, 훨씬 더 많은 기회를 얻을 수 있었을 텐데 후회가 돼요. 예전에 20대 때, 미국의 어떤 개발 콘퍼런스에서 발표를 해 달라고 요청을 받은 적이 있었어요. 정말 대단한 기회였거든요. 그런데 못 갔어요. 언어가 안 돼서요.

그렇다고 학교에서 시키는 공부만 하라는 얘긴 절대 아니에요. 지나고 보니 저한테는 게임에서 1등을 해 봤던 그 경험이 정말 중요했던 것 같아요. 공부에서는 1등을 못했지만, 디아블로 배틀 전에서 글로벌 1위를 했거든요. 그때 내가 뭔가를 끝까지 해 보고 이루어냈다는 성취감, 자신감을 얻었어요. 그리고 뭐든 헛된 시간, 헛된 경험은 없어요. 서른 살까지 했던 모든 일들은 그냥 내가 성장하기 위해 필요했던 것들이었어요.

예를 들어, 삼촌이 초등학교 1학년 조카한테 하루에 200원씩 용돈을 주는데, 애가 "지금 하고 싶은 것 다 참고 200원씩 20년 모아서 좋은 인형을 살 거야!" 이러면 되게 미련한 짓이잖아요. 그냥 200원 가지고 먹고 싶은 거 먹고, 하고 싶은 거하고 그 나이에 맞는 경험을 하는 것이 훨씬 더 경제적이고 가치 있을 수 있다는 것이죠. 청소년 여러분도 지금 할 수 있는 일들, 하고 싶은 일들을 끝까지, 열정을 다해 해 보라고 권하고 싶어요. 그러면 언젠가 그 시간, 그 경험들이 평생의 자산이 될 수도 있을 거예요.

I C T

07
빅데이터 분석가

1. 빅데이터 분석가란?

　　2012년 시장 조사 기관인 가트너 그룹이 빅데이터를 세계 10대 기술로 선정하면서 빅데이터 분석가라는 직업에 관심이 쏠렸다. 바야흐로 '빅데이터(Big Data)' 시대다.

　　사람들은 인터넷과 모바일 기기를 이용하여 끊임없이 많은 양의 데이터를 남긴다. 빅데이터는 방대한 양의 데이터이면서, 생성 주기가 짧고, 속도가 빠른 데이터를 말한다. 빅데이터 분석가(Big Data Analyst)는 저장된 막대한 양의 데이터를 분석하여 사람들의 생각을 읽어낸 다음 실생활에서 활용할 수 있게 한다. 그래서 '디지털 사이언티스트(Digital Scientist)'라고도 불린다. 즉, 대량의 빅데이터를 관리하고, 분석해서 이 결과를 바탕으로 통계 모델을 만들어 사람들의 행동 패턴이나 시장 경제와 관련된 예측할 만한 정보를 제공한다.

최신 유행 흐름과 기획 아이디어를 찾아야 한다는 점에서 젊은 청년들이 창의성을 발휘하기 좋은 유망 직업이다.

2. 빅데이터 분석가가 하는 일

빅데이터 분석가는 대량의 빅데이터를 관리하고 분석함으로써 그 속에서 트렌드를 읽어 내고 부가 가치가 높은 결과물을 도출해 낸다. 이를 바탕으로 행동 패턴이나 시장 경제 상황 등을 예측하는 것이 목적이다. 주로 데이터 수집, 데이터 저장 및 분석, 데이터 시각화 등을 통한 정보 제공 등의 과정을 담당한다. 빅데이터 분석가가 하는 일을 구체적으로 살펴보자.

(1) 기획 및 분석

먼저 실시간 쏟아지는 빅데이터를 어떻게, 어디에 활용할 것인지 기획하는 일부터 시작한다. 예를 들어 모바일 쇼핑몰을 운영한다면 요즘 젊은이들 또는 중년층이 즐겨 찾는 키워드는 무엇이고, 어느 사이트에서 얼마나 머물며, 실제 구매하는 데는 가격과 상품 평가 중 어떤 요인이 영향을 미치는지 사전에 분석해 보는 것이다.

(2) 가설과 모형 도출

분석할 빅데이터의 자원을 찾고, 데이터 분석에 필요한 가설과 모형을 만들어 대용량의 데이터를 처리하는 플랫폼을 통해 결과를 도출한다. 그리고 도출된 결과를 통계학적으로 분석하는 작업을 거친 뒤 마지막으로 결과물을 시각화한다. 이때 결과물을 다양한 분야에서 활용하려면 통제 변인 등 키워드를 바꾸면 된다.

(3) 데이터 시각화

대용량의 데이터를 처리하는 플랫폼 개발 및 빅데이터 분석 업무를 할 때는 다양한 알고리즘을 분석하고 이를 시각화하는 일을 해야 한다.

빅데이터 분석가가 분석한 자료들은 다양한 분야에서 사용된다. 기업에서는 신제품 출시를 앞두고 빅데이터 분석 결과로 중요한 의사 결정을 하기도 하고, 생산이나 마케팅 전략을 짤 때 유용한 자료로 활용하기도 한다. 이 밖에도 사기 방지, 위험 관리, 보안 등을 위한 자료로도 쓰이고 있다.

❶ 기업: 기업들은 자사 제품과 서비스에 대한 고객 반응에 대해 검색어와 댓글을 분석하여 실시간으로 파악해 즉각 대처한다. 쇼핑업계와 카드 회사들은 구매 이력 정보와 위치 기반 서비스(GPS) 등을 결합해 근거리 맛집 등 소비자가 원하는 정보를 필요한 시간에, 적합한 장소로 안내한다.

특히 마케팅 분야에서 고객 유지나 이탈 방지에 주력하던 기존의 고객 관계 관리 (CRM, Customer Relationship Management) 전문가와 다르게 빅데이터 분석가는 가상 고객과 미래 시장 상황까지 예측한다.

❷ 정부와 공공 기관: 정부와 공공 기관 입장에서 빅데이터는 시민이 요구하는 서비스를 제공하는 데 도움이 된다. 서울시 심야버스의 경우, 자정 이후 가장 붐비는 택시 노선 데이터를 분석하고, 버스 애플리케이션 등에 기초해 노선을 배치해 호응을 얻었다. 경찰청은 범죄 유형에 따라 지역이나 시간대별로 범죄 다발 지역과 위험도를 통합적으로 분석해 범죄율을 줄이는 데 빅데이터를 사용하고 있다. 또한 관세청과 국세청은 탈세 정보를 공유하는 것만으로 연간 1,000억 원에 가까운 세수를 모았다. 기상청은 호우, 풍랑, 강

풍, 한파 등 위험 기상 예측 프로그램을 무료로 제공해 국내 항공업체가 항공기 이륙과 운항, 착륙 기상정보 예산을 절감하도록 도왔다.

3. 빅데이터 분석가가 되는 방법

빅데이터 분석가가 되려면 대학에서 통계학이나 컴퓨터공학, 기계공학 등을 전공하면 도움이 된다. 이런 학과에서 빅데이터를 활용할 수 있는 기초 지식과 기술을 익힐 수 있기 때문이다. 빅데이터 분석가는 단순히 수치를 나열하는 연구를 하는 것이 아니므로 경영학이나 마케팅 분야의 지식과 경험도 쌓아야 한다. 인문학 전공자라면 통계학을 추가로 공부해야 한다.

대학마다 빅데이터 전문 인력 양성에 앞장 서고 있어 전문직으로 진출하기가 쉬워지고 있다. 연세대학교, 충북대학교, 울산과학기술대학교, 국민대학교, 이화여자대학교에서 석사 및 박사 과정을 중심으로 빅데이터 분석가를 양성하는 과정이 있다. 카이스트와 서강대학교에서는 빅데이터 전문가 단기 교육을 진행하고 있다. 기존 직장인들은 단기 전문 교육 과정을 통해 자기 계발 차원에서 빅데이터를 연구하는 추세다. 최근에는 한국 빅데이터학회(www.kbigdata.kr)가 생겼고, 재직자 대상의 전문 교육도 활발하다.

　관련 자격증은 한국데이터베이스진흥원(KDB)이 2016년에 빅데이터 자격증 제도를 도입하였다. 국가 자격증인 데이터 분석 준전문가(ADsP), 데이터 분석 전문가(ADP)와 국제 자격증인 OCA, OCP, OCM이 있다. ADsP는 연 4회 시험이 있고, 응시 자격에는 제한이 없으며, 데이터 모델링, 데이터 표준화, 데이터 요건 분석, 데이터베이스 설계와 이용에 대한 필기시험이 치러진다. ADP는 필기와 실기 시험으로 나눠져 있으며, 응시 자격 제한이 까다롭다. 따라서 희소가치가 높아 경쟁력이 있다.

　대학을 졸업한 후에는 대기업, 검색 포털 사이트 등 IT 업체, 금융업계, 전문 데이터 분석업체 등으로 진출한다. 우리나라의 삼성, LG 등 대기업 계열사를 비롯한 신한카드, 국민카드 등 금융업계가 앞다퉈 빅데이터 전담 부서를 설치하고 있다. 기존 IT 업계 종사자가 전문 교육을 받고 진출하거나 데이터 마이닝이나 기계학, 통계학 등과 관련 있는 직업 분야에서 연구 경험이 있는 사람들의 진출이 활발하다.

　기본적으로 통계학, 비즈니스 컨설팅, 데이터 분석을 위한 설계 기법 등에 관한 지식과 전문적인 역량을 갖추고 있어야 한다. 흩어져 있는 데이터를 가공하려면 데이터 처리 능력이 중요하다. 그리고 최신 유행이나 트렌드를 주로 다루기 때문에 세계 각 기업이나 분야별 시장 동향을 수시로 파악하는 등 꾸준히 노력하는 자세가 필요하다.

4. 빅데이터 분석가의 직업적 전망

현대의 경쟁 사회에서 살아남으려면 빅데이터를 부가 가치가 높은 소중한 자산으로 만들어야 한다. 이런 의미에서 빅데이터 분석가의 수요는 계속 늘어날 것으로 전망된다.

기업들은 빅데이터를 도입해 수익을 늘리고 있고, 국내의 경우 공공 분야에서만 빅데이터 활용 효과가 10조 원 이상이 될 거라는 연구 결과가 있을 정도로 전망이 밝은 상황이다. 이러한 수요에 비해 인력이 턱없이 부족하여 아직은 외부에서 IT전문가를 스카우트하거나 사내 마케팅 직원을 재교육하는 수준에 머물고 있다. 그렇기 때문에 아직은 연봉도 일반 직장인과 비슷한 수준이다.

한국정보화진흥원에서 발표한 「2015년 빅데이터 시장 현황 조사」 보고서에 의하면 많은 빅데이터 분석가가 필요하다고 보고했다. 공급 기업은 현재 보유한 빅데이터 분석가가 232명인데 반해 2018년에는 360명까지 늘어난다고 응답했다. 수요 기업은 2018년에는 지금 대비 206% 이상 빅데이터 분석가가 필요하다고 내다봤다.

우리나라 빅데이터 시장은 최근 ICT 업계의 성장과 함께 높은 성장세를 기록 중이나, 세계 시장과는 큰 격차를 보이고 있다. 2015년 기준 국내 시장 규모는 약 2,623억 원으로 2014년 대비 30.5% 성장하였으나, 세계 시장 내 비중은 0.2%에 불과하다. 빅데이터 산업의 성장 잠재력이 크고, 정부가 산업 육성 의지를 보이고 있으나, 빅데이터 도입에 대한 인식 부족, 모호하고 규제 중심의 개인정보보호법 및 부족한 전문 인력 등이 걸림돌로 작용하고 있다.

그러나 향후 사물인터넷, 클라우드와 빅데이터 연계가 이루어지면서 성장세는 지속될 전망이다.

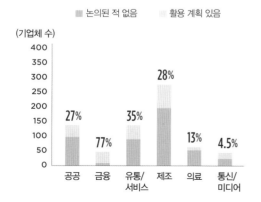

업종별 국내 기업의 빅데이터 관심 수준

■ 논의된 적 없음   ■ 활용 계획 있음

(기업체 수)

공공	금융	유통/서비스	제조	의료	통신/미디어
27%	77%	35%	28%	13%	4.5%

국내 기업의 빅데이터 도입 무관심 사유

	내용(응답률)	
1	31.6% ▶	데이터 분석 필요성 인지 및 활용법에 대한 판단의 어려움
2	30.7% ▶	미비한 내부 데이터 보유량
3	11.9% ▶	경영진의 무관심
4	9.8% ▶	빅데이터 도입 성과에 대한 불확신

※ 자료: 한국정보화진흥원, 2016

Interview

빅데이터 분석가

정소영

Q '빅데이터'란 무엇을 뜻하나요?

'빅데이터'에 대한 개념은 쉽지 않아요. 먼저 제 소개를 드리자면 저는 IT 컨설턴트로 15년간 일하다가 4년 전부터 빅데이터 분석 일을 시작한 정소영입니다. 컨설턴트가 왜 '빅데이터 전문가'가 되었을까? 그 이유는 빅데이터에 대한 개념을 이해하면 쉽게 알 수 있습니다.

데이터를 분석하는 일은 기존에도 계속 있었고, 기업에서 이것을 계속 활용했어요. 예를 들어 어떤 마트에서 데이터를 분석한다면, 어제는 어떤 품목이 몇 개 팔리고 오늘은 몇 개 팔렸다. 우리 마트에선 이 물건이 잘 팔리는구나. 이런 식의 데이터 분석을 해 왔어요. 하지만 사람이 물건을 사는 행위에서 분석될 수 있는 것은 이뿐만이 아닙니다. 고객 중 A라는 사람이 마트에 며칠에 한 번씩 오는지, 그가 늘 사는 물건은 무엇인지, A와 같은 나이와 성별을 가진 B는 어떤 물건을 자주 사는지 등 정형화된 패턴으로 분석될 수 없는 데이터들도 엄청나게 많습니다. 하지만 그동안에는 이런 데이터를 분석할 수 있는 기술이 없었기 때문에 이 데이터들은 그냥 서버에 저장되기만 하다가 주기적으로 삭제됐습니다. 최근에 이 데이터들을 분석할 수 있는 기술이 생기면서 이 분석 결과를 기업이 유용하게 활용할 수 있게 된 거죠.

그래서 이런 데이터를 '빅데이터'라고 부르는데요.

데이터 앞에 '빅'을 붙인 이유는 데이터의 양이 커서 '빅'이기도 하고, 기존에 관리되지 못하던 데이터를 분석하게 되어 '빅'이라고 하기도 하고, 또 분석의 속도가 엄청 빨라져서 '빅'이라고도 합니다. 요즘은 SNS에 글을 남기면 실시간으로 분석이 가능할 정도라고 해요. 그래서 정리하자면, 데이터 분석의 형태, 속도, 양에서 기존의 데이터 분석의 영역이 확대된 것이 바로 '빅데이터'입니다. 데이터를 분석할 때는 용도가 분명해야 하고 가치를 구현할 수 있어야 하는데요. 빅데이터 분석이 되면서 예측 분석이 가능해졌어요. 고객의 행동을 분석해 보면 뭐에 관심이 있구나. 더 나아가 앞으로 어떤 행동을 하겠구나. 예측이 가능하게 된 겁니다. 예측이 가능하다는 것은 기업들이 빅데이터를 가지고 새로운 가치를 창출할 수 있는 전략을 세울 수 있다는 뜻이지요.

Q 빅데이터의 개념에 대해 설명해 주셨는데, 빅데이터를 어떻게 분석하고 활용하는지 구체적 사례를 좀 더 자세히 알려 주세요.

많이 쓰는 것 중에 '로그 데이터'라는 것이 있습니다. 정소영이란 사람이 언제 로그인해서 '대출' 항목을 조회했다. 거래를 한 것은 아닌데 사이트에 들어와서 뭘 했는지 행동 데이터를 보는 거예요. 지금까지는 이걸

관리하거나 분석하지 못했지만 사실은 고객을 파악하기에 아주 좋은 데이터입니다. 이 사람이 로그인해서 자꾸 대출 항목을 봤다면, 이 사람은 지금 대출에 관심이 많구나 하는 것을 알 수 있지요. 또 SNS 분석도 많이 합니다. 사람들이 SNS에서 많이 쓰는 텍스트를 분석하는 거예요. 삼성의 주식이 오를까 내릴까? 분석하는데, 만약 삼성에 대해 부정적 단어가 많이 나온다면 삼성 주식이 떨어지더라. 이런 분석 결과도 얻을 수 있습니다. 또 얼마 전에 제가 드라마를 본 후 유튜브에서 배우 조정석을 몇 번 검색했더니, 유튜브에 들어갈 때마다 조정석에 관한 영상이 먼저 뜨더라고요. 이것도 빅데이터 분석입니다. 저의 로그인 패턴을 분석한 거지요. 이 외에도 지금 우리 일상생활에서 너무나도 많이 쓰이고 있는 중입니다. 앞으로도 더 많이 확장될 것으로 예상되고요.

그럼 정소영 이사님은 구체적으로 어떤 업무를 하시는지요?

최근에 제가 맡았던 프로젝트는 '고객 이탈 예측 분석'입니다. 한 보험회사에서 자기 회사의 고객 중에 누가 이탈할 만한 고객인지 예측하고 싶어서 저희한테 의뢰를 했어요. 저희 팀은 고객을 파악하기 위해 몇 가지 가설을 세웠습니다. '이탈할 고객들은 이탈하기 전에 로그해서 해약 환급금을 확인해볼 거야'라는 가정을 하고 분석을 했더니 실제로 이 가설은 맞아떨어졌습니다. 누군가가 최근에 계속 해약 환급금을 조회하는 거예요. 이런 사람은 실제로 이탈하더라고요. 그래서 계약 기간이 다 돼가는 고객 중에 최근 들어 해약 환급금을 조회하는 사람을 분석하는 빅데이터 분석 결과를 보험회사는 갖게 되었고, 이후 이탈 고객을 최대한 막아 보려고 노력

했을 것입니다.

이 프로젝트에서 저의 역할은 비즈니스 애널리시스트, 즉 업무 분석입니다. 고객 이탈 예측 분석을 하기 위해 필요한 가설을 세우는 등 분석해야 할 것들을 정리했어요. 그럼 실제로 이 내용으로 통계를 내는 과정이 필요하지요? 그 과정은 제가 못하기 때문에 통계 전문가가 맡아서 합니다. 사실 '데이터 사이언티스트'라고 불리는 빅데이터 분석가는 제가 한 업무부터 실제 통계를 내는 결과를 뽑기까지 모든 과정을 맡아서 하는 사람을 말합니다. 하지만 아직 우리나라는 이 업무를 모두 할 수 있는 빅데이터 전문가가 거의 없습니다. 그래서 저처럼 업무 분석을 하는 사람과 통계를 내는 사람이 같이 작업을 하고 있어요.

우리나라에서 빅데이터 분석을 시작한 지 얼마 안 돼서 그런 건가요? 정소영 이사님은 어떻게 빅데이터 분석 일을 시작하게 되셨나요?

빅데이터가 컨설팅 서비스 영역으로 들어온 지 4~5년 정도 되는 것 같아요. 저는 경영정보를 전공하고 IT 컨설턴트로 일하고 있었어요. 저희는 맥킨지 보고서 등 해외 유수의 콘퍼런스, 세미나 같은 곳에서 계속 정보를 업데이트하는데요. 거기서 빅데이터가 중요하다는 보고서들이 나오는 걸 보면서, 국내에도 빅데이터 분석이 필요하다고 해서 거의 처음으로 우리 팀이 빅데이터 분석을 하게 됐어요. 통계에 대해선 잘 몰랐지만, 오랫동안 컨설팅을 하면서 각 회사 업무에 대한 파악은 어느 정도 돼 있었기 때문에 데이터를 분석하기에 용이했어요. 공부하고 준비해서 실제 업무를 시작한 지 3년 정도 됐으니까 완전히 걸음마 단계라고 할 수 있는 수준이에요.

그래도 아, 이게 되는구나! 라고 느낀 순간이 있었는데요. 특허청에서 해마다 미래 유망 기술을 발표합니다. 특허법인 전문가들을 모아서 미래 유망 기술은 무엇인지 브레인스토밍을 통해 뽑았대요. 동시에 미래 유망 기술이 무엇인지 빅데이터 분석을 해 달라고 저희에게도 의뢰를 했습니다. 저희 팀은 일단 기술 관련 웹 사이트를 다 모았습니다. 관련 사이트에는 두 종류가 있어요. 기술 전문 사이트와 네이버 같은 일반 포털 이렇게요. 그리고 가설을 세웠는데요. "일반 포털 사이트와 기술 전문 사이트 두 곳에서 모두 많이 언급된 기술은 핫한 기술이 아니다. 예를 들어 '드론' 같은 거죠. 반면 기술 전문 사이트에서는 많이 언급되지만 포털 사이트에서는 자주 언급되지 않는 기술이 앞으로 주목받게 될 유망 기술일 것이다."라는 가설을 세워 분석을 했습니다. 그랬더니 전문가들의 회의 결과와 데이터 분석이 70~80% 일치했어요. 가설이 맞은 거죠. 이 프로젝트를 통해서 저희 팀도 빅데이터 분석에 대한 스스로의 신뢰, 자신감을 많이 얻게 됐어요.

그럼 빅데이터 분석가를 지망하는 사람들은 어떤 공부를 해야 하나요?

지금 빅데이터를 분석하는 분들은 대부

분 저처럼 컨설턴트 출신입니다. 우리 회사에서 이번에 공개 채용할 때는 통계학을 전공한 사람들도 많이 뽑았어요. 최근 이슈가 되었던 알파고도 사실 빅데이터를 이용해 만든 거죠. 알파고를 만든 데미스 하사비스는 컴퓨터와 인지과학을 공부한 사람입니다. 머신러닝이라고 인공지능에서 많이 쓰는 알고리즘인데요. 이렇게 빅데이터는 어느 영역에서든 활용할 수 있어요. 요즘 빅데이터가 인기를 얻으면서 빅데이터 학과가 많이 생겼어요. 경영학, 통계학, 분석 기술 등을 포괄적으로 가르치는 데이터 사이언티스트 양성 과정이 생긴 거니까 이 분야에 관심 있는 분들은 얼마든지 기회를 가지고 지원할 수 있는 상황이 됐습니다.

지금 가장 뜨는 분야인 것 같은데요. 앞으로의 비전은 어떨까요?

전망이 아주 밝다고 할 수 있죠. 스포츠, 농업, 의학 등 빅데이터가 안 쓰이는 데가 없어요. 지금 사람이 없어서 일을 못 할 정도니까요. 하지만 영원히는 아닌 것 같아요. 요즘 기계가 스스로 학습하는 머신러닝, 딥러닝 알고리즘이 나오고 있습니다. 알파고처럼 모형이 운영되면서 스스로 자가 학습을 하는 거죠. 영화에서 보던 일이 곧 현실에서 일어나게 될 텐데요. 그런 운영 체계가 완성되면 지금 제가 하는 빅데이터 분석도 아마 기계가 하게 되지 않을까 싶어요. 그런 세상이 오기 전까지는 빅데이터 분석가는 아주 인기 있는, 꼭 필요한 직업일 것 같습니다.

이 직업은 어떤 성향을 가진 사람과 잘 맞을까요?

몇 년간의 제 경험을 통해 느낀 것을 말씀드리면, 큰 그림을 그릴 수 있는 사람과 잘 맞을 것 같아요. 지금까지 데

이터 분석에서는 숫자만 봤거든요. 그런데 빅데이터 분석은 이 데이터를 어떻게 활용할지, 목적과 활용도를 함께 큰 그림으로 생각해야 합니다.

또 집요함도 있어야 합니다. 이런 결과가 나온 이유가 뭘까, 뭘 더 생각해 봐야 하지? 한 가지 결과를 가지고 여러 개의 가지를 쳐서 생각에 생각이 꼬리를 물며 이어나가 유용한 결과를 도출해야 합니다. 이것은 사실 처음부터 되는 건 아니에요. 현상에 대해 집요하게 생각하는 것도 습관이거든요. 그게 안 된다고 해서 이 일을 하지 말라는 것은 아니지만, 일하면서 꼭 익혀나가야 합니다. 이것을 염두에 두지 않으면 똑같은 경험을 하더라도 성장하지 못합니다. 그러니까 기본적으로 성실함과 목표 의식을 가져야 하는 거죠.

사실, 현재의 업무량은 상당히 고됩니다. 제가 밤 10시에 퇴근하면 딸아이가 "엄마 왜 이렇게 빨리 왔어?" 이렇게 말할 정도로요. 프로젝트가 끝나면 좀 여유를 가질 수 있지만, 프로젝트란 것이 기한 내에 최대의 결과물을 내야 하는 약속이기 때문에 끝나기 전까지는 달릴 수밖에 없어요. 그래도 스스로 뭔가 하려고 하면 일반 회사보다 훨씬 자유로움을 느낄 수 있는 곳입니다. 꿈과 노력이 있는 만큼 가져갈 수 있는 게 많아요. 지식을 파는 직업이기 때문에 지식이 점점 쌓이면서 그것이 곧 나의 무기가 되거든요. 일이 많고 고된 건 사실이지만, 이 직종에 있기 때문에 일하면서 얻은 지식과 경험이 저는 참 좋습니다.

Q 청소년들에게 해 주고 싶은 이야기가 있다면요?

요즘 아이들은 IT 기계에 적응하는 속도가 저희 세대와는 완전히 다릅니다. 이미 일체화된 것 같아요. 새로운 알고리즘 같은 것에 대한 이해도 훨씬 빠를 걸로 생각해요. 신입 직원들도 IT가 체질화되어 있어서 습득이 빠릅니다. 지금은 경영과 공학, 인문학 등 각각의 학문의 경계가 허물어지는 시대이니, 더 재미있게 공부하고 그것을 더 창의적으로 펼쳐 나갈 수 있을 거예요. 빅데이터도 그런 영역이니 많이 도전해서 여러분의 능력을 펼쳐 보시길 바랍니다.

미래의 인기 직종은 뭘까요? 지금까지 선망의 대상이었던 의사, 변호사가 미래에도 가치 있는 직업일까요? 그건 아직 아무도 모릅니다. 가장 가치 있는 일은 여러분 자신이 하고 싶은 일, 그래서 스스로 찾아가는 길일 것이라고 생각해요. 많이 생각하고, 많이 고민하고 용기 내어 도전하세요. 여러분을 믿습니다.

08
정보시스템 운영자
(IT 기술 지원 전문가)

1. 정보시스템 운영자란?

　　기업이나 공공 기관이 체계적인 정보시스템을 갖추어 업무를 안정적으로 수행하기 위해서는 정보시스템 운영자의 도움이 필요하다. 정보시스템 운영자는 기업의 전산실이나 IT 기업의 판매·기술지원 부서 및 대리점 등에서 근무하면서 정보시스템을 안정적으로 관리, 운영하고, 시스템의 성능을 최적의 상태로 유지하기 위한 제반 업무를 수행한다. 이들을 'IT 기술 지원 전문가'라고도 부른다.

2. 정보시스템 운영자가 하는 일

　　정보시스템 운영자가 하는 일을 구체적으로 살펴보자.

(1) 정보시스템 운영

관리와 운영에 대한 지침서를 작성하여 컴퓨터 시스템의 구성 요소에 대한 유지, 보수 등 관리 방안을 마련한다. 전산실의 온도, 습도, 분진 등을 체크하여 적정 수준을 유지해 시스템 장비를 보호한다.

컴퓨터 시스템이 정상적으로 운영되고 있는지 모니터링하며 정기적으로 데이터 백업과 예방 점검을 실시한다. 그리고 새로운 주변 장치를 설치할 때 운영 시스템 및 드라이브에 필요한 조정을 한다.

정보시스템의 자원을 보호하기 위한 관리적 · 기술적 보안 조치를 마련하고, 이를 관리, 통제한다. 시스템 운영상의 문제점 및 고장이 발생하였을 경우 원인을 파악하여 시스템을 최단 시간 내에 복구한다. 이러한 정보시스템의 관리 현황을 문서로 기록, 관리한다. 그리고 해당 정보시스템의 사용자 등록, 권한 및 접근을 관리하고, 더 나아가 정보 기술의 빠른 변화를 감지하고 미래의 정보 구조 변화에 대비하며, 정보 기술의 발전 동향과 추세를 분석하여 추후 시스템을 업그레이드할 때 반영한다.

(2) IT 기술 지원

새로운 주변 장치를 설치하고 테스트하며 운영시스템 및 드라이브에 필요한 조정을 하기도 하고 시스템 사용자들에게 대한 기술적인 지원 업무를 수행한다. 사용자의 컴퓨터 시스템 전반에 관하여 기술 관련 문의에 응대하고, 교육을 실시한다. 장애 발생 시 직접 해결하는 경우도 있고 기술 지원을 의뢰하여 복구되도록 한다.

시스템 업데이트 시 종합적으로 시스템의 기능 및 성능을 평가하고, 사용자의 불편 및 요구 사항을 수시로 점검하고, 개선책을 마련한다.

기업의 전산실에서 근무하는 경우 구성원의 수요에 맞추어 시스템을 구성하고 변경하기 위해 구성원들과 협의 후 결정한다. 기존 시스템을 점검하여 현 상태를 평가한 보고서를 관리자에게 보여 주고, 데이터 전송 기록 및 설치 관련 기록을 제시한다. 이때 보안 등 문제 해결을 수행하는 작업자나 모니터링 담당자, 소프트웨어를 다루는 사람들과 관계를 잘 형성해야 업무를 원활하게 수행할 수 있다.

IT 기업의 판매나 기술지원 부서, 대리점에 근무하는 경우에는 고객에게 시스템 사용 방법에 대해 전화나 이메일 등을 통해 교육하고, 직접 찾아가서 설치 및 수리를 지원하는 업무를 한다. 또 문제가 발생했을 때는 사용자 매뉴얼에 따라 문제를 진단하고 전문적인 기술지원을 해 준다.

3. 정보시스템 운영자가 되는 방법

정보시스템 운영자가 되려면 대학이나 전문 대학에서 컴퓨터공학과, 전자공학과, 정보통신학과, 응용소프트웨어학과, 정보처리학과, 전산공학과 등을 전공하는 것이 유리하다.

관련 자격증으로는 국내 자격증인 정보관리기술사, 정보처리기사/산업기사, 컴퓨터시스템응용기술사, 정보처리기능사, PC Master(정비사)와 국제 자격증인 MCSE, OCP, CCIE, UNIX시스템관리전문가 자격증이있다. 이 외에도 시스템 관련 자격증 및 IT 분야 자격증을 취득하면 유리하다.

취업은 SI업체, 기업체, 공공 기관, 대학교 등의 전산실, 전산시스템을 위탁받아 통합 운영하는 데이터센터 등에서 근무하게 된다. 업체에 따라 차이가 있지만 관련 경력자를 우대하여 채용하고 있고 경력을 쌓은 후에는 정보기술컨설턴트, 데이터베이스관리자, 컴퓨터시스템설계분석가, 네트워크시스템분석가 및 개발자 등으로 진출하기도 한다.

각종 컴퓨터 운영 체제(OS)와 소프트웨어, 데이터베이스 등 시스템 운영에 대한 지식과 기술을 기본적으로 갖춰야 한다. 컴퓨터나 전산 외에도 전기 및 기계 분야에 대한 지식과 흥미가 필요하다. 분석적이고 적응성 및 융통성이 높은 성격의 사람에게 적합하다.

4. 정보시스템 운영자의 직업적 전망

근무 시간이 길고 불규칙한 편이나, 근무 환경이 쾌적하고 육체적 스트레스가 적은 편이다. 시스템의 안정적인 운영을 돕고 예기치 않는 문제가 발생할 때를 대비하여 24

시간 교대로 근무를 한다. 또한 시스템 점검 등을 위해서는 직원들이 퇴근한 후에 작업해야 하므로 야근을 하는 경우가 종종 있다.

정보시스템 운영자의 고용은 당분간 증가할 것으로 전망된다. 2016년 한국고용정보원의 「중장기 인력 수급 수정전망 2015~2025」에 따르면, 2015년 약 7만 4,000명에서 2025년 약 8만 3,000명으로 향후 10년간 약 9,300명(연평균 1.2%) 증가할 것으로 전망된다. 정보시스템에 에러가 발생하거나 장애가 온다면 피해는 적지 않기 때문에 24시간 관리하고 유지, 보수할 사람을 필요로 하고 있는 시점이라 수요는 지속될 전망이다. 그러나 컴퓨터시스템 자체가 안정성이 높아지고 있고, 시스템을 쉽게 관리할 수 있는 프로그램이 계속 개발되고 있어 고용에 부정적인 영향을 미칠 것으로 보인다. 최근 클라우드 컴퓨팅 환경에서 데이터를 저장하고, 네트워크, 콘텐츠 사용 등을 일시에 해결하게 된 것은 특정 기관 내 상주하는 정보시스템 운영자의 수요를 감소시키는 요인이 될 것으로 보인다.

09
웹 프로그래머

1. 웹 프로그래머란?

웹 프로그래머는 웹상의 프로그램을 기획하고 개발하는 사람으로서, 웹상에서 각종 자료들을 보여 줄 수 있도록 웹 프로그래밍 언어를 이용하여 프로그램을 설계하고 작성하는 업무를 한다. 쉽게 말해 기존의 프로그램을 웹상에서 구현하는 일을 하는데, 시스템과 사용자 사이에서 다리 역할을 한다고 할 수 있다.

웹용 프로그램은 다양하다. 넓게 보면 국가 행정망부터 시작해 인터넷에 연결된 각 통신사의 네트워크, 포털 사이트의 서버용 프로그램, DB 서버 프로그램, 온라인 게임 등이 모두 웹 프로그램이다. 따라서 웹 프로그래머라고 해서 업무가 비슷한 것이 아니며 사용하는 프로그램에 따라 업무 내용도 천차만별이고 실력 차이도 매우 크다. 그러나 공동적으로 웹 사이트에서 일반적으로 사용하는 각종 프로그램을 개발하는 사람이다.

2. 웹 프로그래머가 하는 일

웹 프로그래머는 이용자의 요구와 사용 목적 등을 고려하여 새로운 인터넷 사이트를 개설하고 인터넷 사이트상에서 요구되거나 서비스되는 각종 프로그램을 개발한다.

웹 프로그래머가 하는 일을 자세히 살펴보면, 웹상에 올릴 자료의 성격과 형태에 대한 요구를 파악하고 분석한다. 다음 논리 흐름도와 다이어그램을 사용하여 프로그램을 분석, 검토하여 세부 논리 흐름도를 프로그래밍 언어(Php, Asp, Java, Jsp 등)로 전환시키고 작성한 프로그램을 코딩한다.

웹과 데이터베이스를 연동시키기 위한 프로그램을 작성하며, 웹상에서 테스트한 후 문제점을 확인하고 수정하여 사용자의 요구에 맞춰 프로그램을 개발하고 개정한다. 또한 웹 프로듀서의 기획과 웹 디자이너의 시각적 창조, 웹 엔지니어의 서버 구축 환경에 최적화시키는 프로그램을 만들어 웹 사이트상에서 게시판, 카운터, 회원가입 및 인증 등을 가능하도록 만드는 업무를 한다.

3. 웹 프로그래머가 되는 방법

웹 프로그래머가 되려면 대학에서 컴퓨터공학, 전산학, 인터넷(정보)공학 등을 전공하면 좋다. 또는 프로그래밍과 디자인 등으로 과정이 나누어져 있는 사설 교육 기관에서 이론과 기술을 익히는 것도 바람직하다. 채용 시 학력보다는 경력을 우선시하기 때문에 많은 실습을 통해 경험을 쌓는 것이 중요하다.

관련 자격으로는 정보처리기능사, 산업기사, 기사(국가기술) 등과 OCP, SCJP가 있다.

웹 프로그래머는 컴퓨터 프로그래밍 언어에 대한 깊은 이해를 지니고 있어야 한다. 스크립트 언어 위주로 취업하고자 하면 진입장벽이 낮아 전문 영역으로 실력을 쌓는 데 한계가 있기 때문에 지속적으로 새로운 프로그래밍 공부에 매진해야 한다.

그리고 중소기업에 속한 많은 수의 웹 프로그래머는 개발자, 서버 관리자, DB 매니저, 웹 디자이너 등의 업무도 함께 수행하는 경우가 많다. 따라서 SQL 등의 데이터베이스, 웹 에디터, 그래픽 소프트웨어, 네트워크와 서버 시스템, 운영 체제에 대한 지식과 능력을 갖춘다면 취업과 업무 수행에 유리하다.

기본적인 수리 능력 및 정보 분석 능력을 가지고 있어야 하며, 문제를 효과적으로 해결할 수 있는 논리적 사고 능력이 필요하다.

4. 웹 프로그래머의 직업적 전망

현재 국내 웹 프로그래머의 근무 여건은 좋은 편은 아니다. 급여는 연봉으로 따졌을 때 초봉이 1,500만 원 전후라고 보면 된다. 다만 진입장벽은 다른 프로그래머에 비해 낮은 편이다. 따라서 웹 프로그래머로 진입한 뒤에는 좀 더 많은 공부를 통해 어떤 언어도 사용 가능한 프로그래머로 발돋움하도록 노력해야 한다.

웹 프로그래머의 직업적 전망은 밝은 편이다. 2016년 한국고용정보원의 「중장기 인력수급 수정전망 2015~2025」에 따르면, 웹 및 멀티미디어 기획 및 개발자는 2015년 약 1만 6,000명에서 2025년 약 1만 9,000명으로 향후 10년간 약 3,600명(연평균 2.1%) 증가할 것으로 전망된다.

블로그와 소규모 사이트 등 인터넷 웹 사이트 수와 이용자가 늘어남에 따라 응용 프로그램과 콘텐츠의 개발 필요성이 커지면서 웹 프로그래머의 수요가 늘어날 것으로 보인다. 또한 최근 몇 년 사이 기업이 마케팅이나 홍보 수단으로 웹을 활용하는 것이 일반화되고 있어 대기업이나 공공 기관의 웹을 구축하는 SI 업체에서의 웹 프로그래머 고용이 꾸준히 있을 것이다. 그러나 업체에서는 실력 있는 경력자를 원하고 있어 신규 인력의 취업난이 있을 수 있다.

10
웹 기획자

1. 웹 기획자란?

웹 페이지 제작 과정에서 개발자와 디자이너가 모든 업무를 맡을 수는 없다. 기간을 단축하고 작업 효율을 높이기 위해서 웹 기획자의 역할이 필요하다. 이들이 오로지 개발과 디자인에만 집중할 수 있도록 프로젝트의 일정, 콘텐츠, 디자인 기획 등을 담당하는 사람이 웹 기획자이다. 이들은 아이디어맨이자 조정자 역할을 한다고 볼 수 있다.

수많은 웹 사이트의 홍수 속에서 사용자가 편리하게 활용할 수 있고 유익한 정보가 많이 담긴 웹 사이트를 만들기란 쉽지 않다. 웹 기획자는 새로운 정보나 기술, 디자인을 웹 사이트 운영에 반영하는 등 웹 사이트 구축과 진행을 총괄한다. 콘텐츠 및 디자인 기획 등 전반적인 홈페이지 관리를 담당하고, 제공되는 정보를 계속해서 업그레이드하여 고객을 관리한다.

2. 웹 기획자가 하는 일

웹 기획자는 웹 사이트 및 콘텐츠의 구성과 배치 등의 작업을 하는 사람이다. 이들이 하는 일은 크게 웹 사이트를 구축하는 업무와 관리하는 업무로 나눌 수 있다. 소비자의 요구나 웹 구현의 목적 등을 고려하여 웹에서 서비스할 콘텐츠, 디자인 콘셉트, 운영 및 마케팅 전략 등을 결정한다. 웹 사이트가 개발될 이유를 만드는 것에서부터 개발된 웹 사이트를 지속적으로 운영, 관리하며 대외적으로 웹 사이트가 잘 홍보될 수 있도록 해 주는 역할을 한다.

(1) 웹 사이트 기획 및 구축

콘텐츠 기획, 사업 기획, 디자인 기획 등 우선 웹 사이트에 제공할 구성 내용을 기획한다. 소비자에게 제공할 콘텐츠를 기획하고, 웹 사이트 제작에 필요한 기술, 디자인, 정보 등을 구체적으로 표현한다. 웹 사이트의 구축이 본격적으로 실시되면 웹 엔지니어, 웹 디자이너, 웹 프로그래머 등과 업무를 협의한다.

(2) 웹 사이트 관리

전반적인 홈페이지 관리를 담당하고, 제공되는 정보를 관리하는 일을 한다. 웹 사이트의 정보 자료를 계속 업데이트하고, 웹 사이트의 게시판 등을 통해 실제 사용자의 요구 사항과 불만 사항을 파악하고 처리한다. 또한 사용자의 성향과 현황 등을 분석하여 웹 사이트의 개편 시에 이를 반영하도록 한다.

만일 사이트가 서비스 제공형이면 주로 기술적인 부분을 담당하고, 커뮤니티형이면 회원 간의 커뮤니티 활동을 촉진할 수 있도록 다양한 이벤트를 기획한다. 또 전자 상거래형일 경우 고객의 만족 실태와 요구 분석을 통해 상품 구성의 변화, 판매 촉진 등을 실시한다. 기획뿐만 아니라 컨설팅, 마케팅, 영업, 계약, 개발 분야에도 다양한 업무 포지셔닝을 해야 하므로 보다 다양한 경험이 중요하다.

웹 프로젝트 진행 순서를 간략하게 살펴보면, 분석 → 설계 → 디자인 → 코딩 → 개발 단계를 거친다. 분석과 설계를 주로 하지만, 그 이후 과정에서도 웹 기획자는 프로그램의 전반적인 일정과 진행 상황을 꼼꼼히 확인해야 한다.

분석 과정에서는 제작할 사이트의 용도, 방향, 경쟁 사이트 등을 파악하여 구성과 디자인, 기능, 트렌드, 홈페이지 유입 경로를 조사하고 분석한다.

설계 과정에서는 메뉴 구성과 메인 페이지, 강조할 메뉴, 콘텐츠 제작 등을 분석하여 설계한다.

이때 고객이 원하는 방향과 분석 과정을 통해 얻은 자료를 적절하게 조합하여 최상의 결과를 만들기 위해 노력한다.

디자인부터 개발까지 전 과정에 걸쳐 이전에 설계한 내용을 디자이너와 개발자에게 전달하여 초기의 기획 방향에 맞도록 개발되도록 조정하는 역할을 한다.

그리고 프로젝트 마감 기간을 맞추기 위해 사전에 조율하고 전체 일정을 수시로 확인하여 일정표를 점검해야 한다. 프로젝트 전체를 아우르는 웹 기획자의 구체적인 역할은 다음과 같다.

웹 기획자의 역할

방향성 설정 ▶ 정책 수립 ▶ 벤치마킹 ▶ 서비스 구성 요소 ▶ 서비스 프로세스

서비스 오픈 ◀ 테스트 ◀ UI/UX 개발 진행 ◀ 스케줄 관리 ◀ 외면 설계 UI/UX

3. 웹 기획자가 되는 방법

웹 기획자가 되기 위해서는 정확히 일치하는 학과는 없지만, 대학에서 컴퓨터공학, 전산학, 인터넷 정보학 등을 전공하면 유리하다. 이 외에도 학원 등에서 웹 관련 프로그래밍, 디자인 등의 과정을 이수하면 더욱 좋다. 다만, 웹 사이트 전문 업체 등에서는 웹 서비스 기획만을 전담하는 경우에는 경영이나 마케팅 전공자도 가능하다.

관련 자격으로는 공인 웹 전문가(CWP) 등의 외국자격이 있다. 또한 웹 언어뿐만 아니라 SQL을 다루는 데이터베이스, 웹에디터(나모웹에디터, 드림위버), 그래픽 소프

트웨어(포토샵, 일러스트레이터, 플래시, 플렉스) 등의 지식과 능력이 필요하다.

취업 시에는 학력이나 자격증 취득 여부보다 작은 사이트라도 직접 만들어 본 경험이 중요하다. 또한 어느 정도 경력이 쌓이면 프리랜서로 일할 수 있는데, 프로젝트 업무가 발생할 때마다 웹 에이전시나 네트워킹을 통해 일을 소개받는다.

대학에서 관련 전공을 하고 진출이 가능하나 디자인 등 관련 기술, 매니지먼트 등에 대한 지식도 지속적으로 습득하여야 한다. 웹 비즈니스에 관심이 있어야 하며 의사소통 능력과 기획 능력이 필요하다. 요즘은 스마트폰 보급이 활발해 모바일과 앱 영역까지 공부해야 한다.

4. 웹 기획자의 직업적 전망

직업적 전망은 밝은 편이다. 또한 스마트폰에 적용 가능한 사이트 구축 및 애플리케이션 개발 분야의 인력에 대한 수요는 다소 증가할 것으로 보인다. 인터넷을 활용한 의사소통(이메일, 블로그, SNS 등)이 증가하고, 전자 상거래 및 인터넷 뱅킹 등이 웹으로 이루어지고 있어 웹 기획자의 수요는 꾸준히 있을 것으로 전망된다. 특히 중앙부처 등 공공 기관을 중심으로 웹 사이트 구축과 개선을 진행하여 고용 상황은 어느 정도 유지될 것이다.

그리고 다양한 사업 분야의 진로가 열릴 전망이다. 3D디스플레이 시장 규모의 성장으로 3D 콘텐츠 제작의 수요가 더욱 늘어날 것으로 전망되고 있으며, 특히 새로운 모바일 기술에 힘입어 새로운 패러다임으로 성장하는 세부 업종이 늘어나는 추세이다. 전반적으로 향후 모바일 기기와의 연계성이 강화된 웹 기획자의 고용은 증가할 전망이나, 이미 웹 기획자의 고용이 포화된 상황이어서 향후 대규모 고용 증가를 기대하기는 어려울 것으로 보인다.

앞선 장에서 우리가 쉽게 생각할 수 있는 ICT 직업군을 소개했다면, 여기서는 그 배후에 있는 좀 더 전문적인 직업인들을 알려 준다.

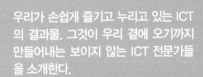

우리가 손쉽게 즐기고 누리고 있는 ICT의 결과물. 그것이 우리 곁에 오기까지 만들어내는 보이지 않는 ICT 전문가들을 소개한다.

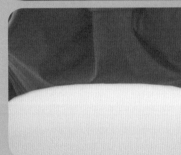

Company

ICT

V 어떤 직업의
사람들이 ICT와
관련이 있을까?

01
IT 컨설턴트

1. IT 컨설턴트란?

IT 컨설턴트는 최근 다양한 기업에서 IT 기술을 실무나 경영에 도입하고 있기 때문에 4차 산업 유망 직종으로 손꼽히고 있다.

오늘날 기업들은 타 기업과의 경쟁력 확보를 위해 기업의 비즈니스와 정보시스템을 연결하고자 한다. 이때 정보시스템 도입으로 인한 예산 효율성, 적시성 등이 고려되어야 하는데, 이런 일을 전문적으로 해 주는 사람을 'IT 컨설턴트' 또는 '정보기술 컨설턴트'라고 한다. 해당 기업의 인적, 물적 자원 및 제반 조건 등 관련된 자료를 수집·분석하고 기업에 맞는 정보시스템 구축을 제시하는 사람이 바로 IT 컨설턴트이다.

구체적으로 기업에서 활용되고 있는 정보시스템은 ERP, SCM, KMS, CRM 등이 있으며, IT 컨설턴트는 무엇보다 기업의 환경에 맞게 정보시스템을 구축하는 안내자의 역할을 해야 한다.

2. IT 컨설턴트가 하는 일

IT 컨설턴트는 최근 활용한 자원(하드웨어 및 소프트웨어)과 현재 정보시스템과의 관계를 고려하여 환경에 가장 적합한 정보시스템의 구축을 제시하고 추천한다. 기관의 고객관리 전략 등에도 영향을 미치기 때문에 IT 컨설턴트의 역할은 매우 중요한데, 하는 일을 구체적으로 살펴보면 다음과 같다.

먼저 컨설팅 의뢰를 받으면 고객의 요구 사항을 분석하고 장단점, 개선 사항, 업무 프로세스, 자원 활용도 등의 전반적인 경영 환경을 파악한다. 만일 정보시스템이 이미 구축된 경우는 시스템 이용 실태와 개선점을 파악한다. 최근 기술적 활용 자원(하드웨어 및 소프트웨어)이 현재 정보시스템과 경영 환경에 부합될 수 있도록 프로젝트 전반 과정에서 기획과 상담을 실시한다.

그 밖에도 예산 등을 관리하고 운영하며, 구축된 정보시스템이 안정성과 효율성 등을 만족하는지 사후 모니터링을 실시하고, 시스템 운용과 유지·보수에 관해 조언한다.

IT 컨설턴트는 직접 코딩이나 프로그래밍을 하기보다는 프로젝트 전반에 대하여 컨설팅하며, 프로그래머와 고객의 요구 사항을 조율하는 역할을 한다.

IT 컨설턴트는 활동 분야에 따라 데이터베이스 컨설턴트, 네트워크 컨설턴트, 정보 보안 컨설턴트, 웹 컨설턴트, 응용 시스템 컨설턴트 등으로 나뉜다.

❶ **데이터베이스 컨설턴트**: 데이터베이스 시스템의 분석, 설계, 구축과 튜닝에 관련된 기술적 운영 및 관리적 측면에서의 컨설팅 서비스를 제공한다.

❷ **네트워크 컨설턴트**: 네트워크 시스템의 분석, 설계, 구축과 운영 관리 등에 관한 기술적 운영 및 관리적 측면에서의 컨설팅 서비스를 제공한다.

❸ **정보 보안 컨설턴트**: 인터넷으로부터의 정보 보안에 관한 기술적 운영 및 관리 측면에서의 컨설팅 서비스를 제공한다.

❹ **웹 컨설턴트**: 웹과 관련된 다양한 기술과 마케팅 기법들에 대해 지식을 가지고, 기업이 웹을 이용하여 어떠한 업무를 하는 것이 적합한지에 대한 컨설팅부터 운영 중인 웹 사이트의 문제점과 개선 방향 등을 지적해 주는 업무를 한다.

❺ **응용 시스템 컨설턴트**: 특정의 응용 시스템(ERP, CRM 등)의 구축에 대한 컨설팅 서비스를 전문으로 담당한다.

3. IT 컨설턴트가 되는 방법

IT 컨설턴트가 되기 위해서는 대학에서 전자공학, 컴퓨터공학, 전산학, 정보처리학, 경영학, 경영정보학, 회계학 등을 전공하면 유리하다. 이 중 경영정보학은 기존 경영학에 대한 이론을 비롯해 컴퓨터 시스템을 경영에 응용하는 데 필요한 네트워크, 데이터베이스, 프로그래밍 등 전산 실무 교육을 병행한다. 또한 경영대학원에서 경영정보 시스템(MIS)에 대해 전문적인 교육을 받는 것도 도움이 된다.

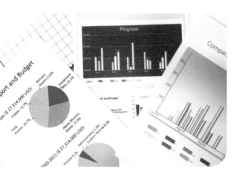

관련된 자격에는 정보처리기사 등의 국가기술자격이 있으며, 공인 민간자격으로는 네트워크 관리사, 정보시스템 감리사 등이 있다. 관련 업체에서는 경력자를 선호하는 편이며 경영지도사, 기술지도사 등 관련 자격증을 요구하기도 한다.

SI 업체, IT 컨설팅 전문업체, 경영 컨설팅 업체 및 민간, 공공 부문 연구소의 연구원, 기업 인수·합병 관련 컨설팅회사, 품질인증 관련 연구소 등으로 진출한다. 또한, 10년 이상의 경험을 쌓은 경력자들은 독립적으로 개인 컨설팅업체를 창업하기도 한다.

IT 컨설턴트로 취업 시 일반적으로 석사 또는 박사 학위 소지자가 많고 특히 경영학 석사(MBA) 출신자들이 많이 종사한다.

입사 초기에는 연구 보조나 조사자로 근무하고, 일정한 경력과 업적을 쌓으면 IT 컨설턴트로서 활동하는 것이 보편적이다. 프로그래머나 네트워크, 시스템 엔지니어, 빅데이터 전문가, 정보보안 전문가 등 전문 직업군에서 경력과 경험을 쌓으면서 준비하기도 한다.

IT 컨설팅을 요청하는 분야는 사회 전 산업 분야와 관련되어 있기 때문에 IT 전문 지식 외에도 다양한 산업 분야(Business Domain)의 지식을 알고 있어야 한다. 컴퓨터 운용 능력이 필요하며 기업의 경영, 회계, 인사 등에 대한 전문 지식이 필요하다. 현재 대규모 경영 컨설팅 회사는 주로 외국계 회사가 많은 편이어서 외국어 실력은 기본이며, 세미나, 학회, 학술 서적 등을 통해 끊임없이 전문 분야에 대해 공부해야 한다. 경영상의 문제점을 진단하여 개선안을 권고할 수 있는 프레젠테이션 기술과 판단력이 필요하다.

4. IT 컨설턴트의 직업적 전망

IT 컨설턴트의 임금 및 복리후생은 다른 직업과 비교하여 매우 높은 편으로, 평균 연봉은 4,000만 원 이상인 인기 직업으로 취업 경쟁이 매우 치열하다. 근무 시간이 길지만, 규칙적이라 근무 환경이 좋은 편이고 육체적 스트레스는 적지만 정신적 스트레스가 많을 수 있다.

IT 컨설턴트를 포함한 컴퓨터시스템 설계 및 분석가의 종사자 수는 1만 7,200명이며, 전체 IT 서비스 시장의 성장 둔화세가 심화됨에 따라 영향을 받고 있지만, 앞으로도 IT 컨설턴트의 고용은 증가할 것으로 전망된다.

IT 시장 분석 및 컨설팅 기관인 한국 IDC의 「국내 IT컨설팅 서비스 시장 분석 및 전망 보고서 2012-2016」에 따르면 우리나라 IT 서비스 업체들의 컨설팅 매출 증가세가 전반적으로 견실하게 나타났으며, 전통적인 IT서비스 업체와 전문 컨설팅 업체 구분 없이 경쟁 구도가 확대되는 양상을 보였다.

우리나라 IT 컨설팅 서비스 시장에서는 그동안 ERP(전사적 자원관리 시스템), CRM(고객 관계관리 시스템), BPR(업무 프로세스 재설계), BSC(균형성과지표) 등 시스템 컨설팅에 대한 수요가 있었으며, 당분간은 유지될 것으로 보인다. 특히 유비쿼터스 컴퓨팅(Ubiquitous Computing) 기술과 소셜 비즈니스가 확대되고, 공공 부문에서 정보화 전략 계획 수립을 통해 체계적으로 자체 정보 체계를 구축하도록 권고하고 있어 다양한 분야에서 컨설턴트의 역할이 매우 중요해질 것이다.

향후 컨설팅 작업과 본 사업인 구축 작업과의 유기적인 연결의 중요성이 더욱 강조되고, 융합 서비스의 확산으로 인한 IT와 비즈니스의 연계가 한층 강화되면서 IT 컨설팅의 역할 변화가 진행될 것으로 보인다. 그러나 이러한 수요에 비해 고급 전문 컨설턴트가 부족하여 이 분야에서 충분한 경험과 실력을 쌓고 진출한다면 매우 유망할 것으로 전망된다.

IT 컨설턴트

이승하

'IT 컨설턴트'라는 직업은 어떤 일을 하나요?

우리가 아프면 병원에 가서 의사 선생님을 만나서 진단을 받잖아요. 그리고 나서 처방전을 받아서 약국에 가서 약을 사서 복용을 하게 되지요. 컨설턴트도 의사와 약사 같은 역할을 합니다. 기업도 아픈 부분을 가지고 있거든요. 그것이 이미 큰 병일 수도 있고, 그냥 작은 증상일 수도 있어요. IT 컨설턴트는 기업이 현재 가지고 있는 IT 분야의 문제점을 진단하고 그것을 개선할 수 있는 방법을 제시합니다. 기업의 방향성에 맞게 단기적인 2년짜리 IT 전략부터 10년 장기 전략까지 수립합니다. 내부에 속해 있는 사람은 문제점을 바로 보기가 어렵기 때문에, 저희 같은 외부 전문가들에게 의뢰해서 문제점을 좀 더 객관적으로 분석, 판단하고 상황에 맞는 대응책을 마련하도록 하는 거죠. 우리가 건물을 지을 때 설계도를 스케치하고 구체화하듯, IT 컨설턴트도 IT 전략을 실행하기 위한 스케치를 하고 구체적인 설계도를 그립니다. 이 설계도에 따라서 어떤 투자를 해야 하는지까지, IT와 관련된 투자 예산 수립도 컨설팅 범위에 포함됩니다.

일반 컨설턴트와 하는 일이 거의 비슷하군요. 그러면 이승하 이사님은 프로그래머 출신이신가요? 아니면 경영을 전공하셨나요?

저는 대학교 때에 경영학을 전공했고요. 대학원에 진학할 때 경영학 안에서 경영정보 시스템이라는 세부 분야가 또 있어요. 이 분야에 대한 공부를 더 해서 지금의 투이 컨설팅 회사에 들어와 16년째 IT 컨설팅을 하고 있습니다. 제가 원래 컴퓨터를 아주 좋아했어요. 컴퓨터를 처음 만났을 때가 초등학교 5학년이었을 거예요. 그때 금성사에서 나온 PC였는데, 컴퓨터가 너무 신기하고 재미있더라고요. 친구 집에 컴퓨터가 있어서 친구랑 같이 프로그램도 짜고 그랬어요. '베이직'이라는 언어도 배우고요. 워낙 컴퓨터를 좋아해서 컴퓨터에 관련된 일을 하고 싶었던 차에 경영과 IT가 결합한 이 분야에 대해 알게 됐고 평생 직업을 찾게 된 거죠.

대부분의 IT 컨설턴트가 경영정보 시스템 전공자들인가요?

현재 우리나라에서는 그게 가장 접근하기 쉬운 방법이긴 합니다. 일반 경영학, 컴퓨터공학을 전공한 사람들도 있고요. 업무 자체가 아주 난이도가 높기 때문에 석사 이상의 학력을 소지하신 분들을 원합니다. 하지만 비전공자라도 도전할 수 있어요. 각 컨설팅 회사마다 내부 교육 체계가 워낙 잘 돼 있기 때문에 비진공자여도 충분히 IT 긴설턴트로 성장할 수 있

> 청소년기에는 **다양한 학문을 접하고 식견을 넓혀야 한다**고 생각합니다.

는 제도는 다 갖춰져 있습니다. 또 오히려 창의적 측면에서는 인문학 전공자도 IT 컨설턴트에서 두각을 드러낼 수 있다고 생각해요. PC는 워드나 파워포인트를 다룰 수 있는 정도면 되고요, 정보 기술 용어와 개념 등은 공부하면서 따라잡을 수 있습니다.

Q 회사에서는 IT 컨설턴트를 뽑을 때 주로 어떤 점을 보나요?

우리 회사 기준으로 말씀드리면 문제를 스스로 해결해나갈 수 있는 주도성이 있는지, 그리고 워낙 IT 업계가 빠르게 변하기 때문에 그 트렌드를 따라갈 만한 호기심과 상황 파악 능력이 있는지를 봅니다. 또 중요한 것은 여러 동료 또는 고객사의 파트너들과 일을 하기 때문에 팀워크, 융합하는 능력이 아주 중요합니다. 마지막으로는 성실해야 합니다. 특히 우리 컨설턴트들은 회사 내부에서 일하는 게 아니라 대부분의 시간을 고객사에 나가서 일하기 때문에 매사에 성실한 모습을 보이는 것이 아주 중요합니다. 성실하지 못한 컨설턴트는 고객사에서도 반기지 않고 성과물도 좋지 않습니다.

Q IT 컨설턴트는 업무량이 많을 것 같은데 어떤가요?

맞습니다. 단기간에 목표한 바를 달성해야 하는 프로젝트 성격의 업무라 하루 근무 시간이 좀 긴 편입니다. 평균 9시에 출근해서 저녁 10시쯤 퇴근하고 있어요. 거의 고객사로 출근해서 일을 하고 우리 회사에는 일이 있을 때만 들어옵니다. 그래서 저희는 각자의 자리가 없어요. 근무량이 많고, 업무가 어려운 만큼 연봉은 높은 편입니다.

Q IT 컨설턴트라는 직업의 전망은 어떻게 보십니까?

기업에서 IT라는 시스템을 떼놓고 생각할 수 없기 때문에, IT 컨설턴트는 계속 필요할 수밖에 없어요. 문제는 개인이죠. 정보 기술이 워낙 빠르게 발전하기 때문에 이 변화의 속도를 어떻게 잘 따라갈 것이냐 이것이 이 직업의 생명력을 결정하는 것 같아요.

Q 이승하 이사님은 이 변화들을 따라잡기 위해 어떻게 노력하고 계시는지요?

일단 회사에서 진행하는 세미나들에 열심히 참석해 트렌드를 읽고, 또 인터넷을 검색하면서 자료를 계속 공부하는 것 외에 지름길 같은 건 없어요. 그래서 이런 다이내믹함을 즐기는 사람들은 이 일이 늘 새롭고 즐거울 것이고, 좀 안정된 것을 좋아하는 사람에겐 힘들게 느껴질 거예요. 저 같은 경우는 정체되어 있지 않고, 내가 중심이 되어서 스스로 문제를 해결해 나가는 이 일의 역동성을 너무 좋아서 이 직업을 택했고 지금도 즐겁게 일하고 있습니다.

Q 오랫동안 이 일을 하면서 가장 기억에 남는 일은 무엇인지요?

컨설턴트가 제일 힘들 때는 고객과 말이 잘 안 통할 때, 의견 차이가 많이 날 때입니다. 반면 말이 잘 통하고, 결과물이 좋아 박수를 받을 때 가장 보람됩니다. 지금 저는 몇 년 전 컨설팅을 해 준 고객사에서 다시 저를 선택해 또 그곳에서 일하고 있는데요. 저번 업무 결과가 아주 고객의 마음에 들었기 때문에 다시 저에게 일을 맡긴 거죠. 이런 경우는 흔하지 않고 컨설턴트에게는 아주 영광이기 때문에 열심히 일한 보

람을 얻은 것 같아 정말 기뻤고요. 그래서 오랫동안 기억에 남을 것 같습니다.

컨설턴트를 꿈꾸는 청년들에게 해 주고 싶은 이야기는?

컨설턴트에게 가장 필요한 기본기는 말하기와 글쓰기입니다. 보고서 작업을 하기 때문에 자신의 지식과 생각을 명료한 문장으로 작성하는 능력이 제일 중요하고요, 작성한 보고서를 잘 전달할 수 있는 능력, 즉 말을 설득력 있게 잘 하는 기술이 필요합니다. 이 기본기는 원래 타고난 사람도 있겠지만, 반복적인 연습을 통해 개선될 수 있는 부분입니다.

저희도 정말 잘 쓰여진 보고서를 보면서 계속 공부합니다. 물론 그것을 그대로 따라만 하면 안 되고요. 잘 쓴 글들을 보면서 자기 것으로 만들어야 하죠. 말하기는 저희 쪽 용어로는 프레젠테이션이라고 하는데요. 이 또한 연습 외에는 답이 없습니다. 저도 제안서 발표를 처음 할 때 백 번은 소리 내서 읽어 본 것 같아요. 그리고 IT 컨설턴트가 되기 위해 IT 쪽 공부만을 열심히 하겠다는 생각은 하지 않았으면 좋겠어요. 청소년기에는 다양한 학문을 섭하고 식견을 넓혀야 한다

고 생각합니다. 왜냐면 내가 어느 날은 은행 일을 하지만 끝까지 은행 일만 하는 건 아니거든요. 다른 제조업에 가서 일을 할 수도 있고, IT 컨설팅과 연계된 다른 일을 할 수도 있는 거잖아요. 무엇이든 배우고, 경험하고 식견을 넓혀놓는 것이 중요하다고 봅니다. 정보 기술을 통해 기업조직과 문화를 변화시키고 싶은 학생들의 힘찬 도전장을 기대합니다.

IT 컨설턴트가 가져야 할 자질은 무엇이라고 생각하십니까?

저는 호기심이라고 봐요. 먼저 고객에게 이런 데가 아프지 않아요? 불편하지 않아요? 하는 식으로 고객의 눈높이에서 생각하고 문제 제기를 해 주는 것이죠. 그러면 고객과 같이 고민하고 무엇이든 더 좋은 결과를 끌어 낼 수 있어요. 그런데 호기심이 없다면, 고객이 말할 때까지 조용히 있게 되거든요. 그럼 고객도 답답하고 옆에서 같이 일하는 동료들도 답답하게 되는 거죠. 또 앞에서 말했듯이 업무량이 많다 보니 일에 대한 열정을 가지지 않으면 쉽게 지치게 됩니다. 그래서 IT 컨설턴트가 가져야 할 필수 조건은 호기심과 열정이라고 말씀드리고 싶어요.

02
컴퓨터 보안 전문가

1. 컴퓨터 보안 전문가란?

정보화 시대에는 개인뿐 아니라 기업, 국가 기관도 정보 보안에 많은 관심을 기울이고 있다. 국가 기반 시설에 대한 보안 문제는 국가 안보나 국익과도 관련되기 때문에 전문가를 통한 보안 유지가 필요하기 때문이다. 또한 유비쿼터스 환경 확대에 따른 개인의 위치 및 지출 정보 등이 실시간으로 누출되는 경우도 많아 이를 예방할 대책이 절실히 필요하다.

해킹을 막기 위해 컴퓨터에서 중요한 정보의 보안 유지를 위해 예방책을 세우고, 바이러스 등의 접근을 차단하는 일을 하는 사람이 있는데, 바로 컴퓨터 보안 전문가이다. 즉, 가상공간에서의 보안을 담당한다.

과거에는 데스크톱 PC에서 인터넷을 통한 해킹 문제 등을 해결하는 일이 대부분이었으나 요즘은 스마트폰, 태블릿 PC 등 다양한 정보 자원에 대한 해킹을 방지하기 위해 다각적인 해결책을 제시해야 한다.

2. 컴퓨터 보안 전문가가 하는 일

컴퓨터 보안 전문가는 PC 등 각종 정보 자산들을 전문 해커들의 해킹으로부터 보호하기 위해 필요한 보안 프로그램 등을 개발하고 연구하는 일을 한다. 조직의 정보 보호 정책, 표준, 기본 방침, 절차, 모니터링 방법 등을 분석하여 정보 보호 관련 환경 수준을 평가한다. 컴퓨터, 서버, 네트워크 등을 점검하고 취약한 곳을 확인하여 대비한다. 이를 위해 모의 해킹 테스트를 실시하기도 하고, 위험한 부분은 자체 개발한 프로그램을 이용하여 문제점을 해결한다.

인트라넷, 엑스트라넷, 업무 관련 솔루션 및 제휴업체를 연결하는 정보 보호 구조를 구현하고, 정보 보안 정책을 수립한다. 외부로부터의 불법적인 침입을 차단하기 위해 방화벽(firewall)을 구축하며, 정보가 크래킹 당했을 때 이를 신속하게 복구하고 새로운 보안 체계를 구축한다.

컴퓨터 바이러스 백신 프로그램을 개발하여 보급하며, 컴퓨터 바이러스에 감염된 데이터를 복구한다.

설계된 보안 시스템이 적절히 구현되도록 감리를 지원하기도 하며, 보안 점검과 문제가 해결되면 보고서를 통해 그동안의 상황과 테스트 결과, 해결된 문제점, 비상 대책 방침, 향후 조치 등을 고객에게 알린다. 이 외에도 주기적으로 보안 시스템의 유지·보수를 담당하기도 한다.

일반적으로 규모가 큰 전문 보안업체는 컴퓨터 보안 전문가의 역할이 분업화·전문화되어 데이터베이스 보안 전문가, 네트워크 보안 전문가, 보안 솔루션 제공 전문가, 보안 컨설턴트 등으로 나뉘어 있다.

근무 환경에 따라 하는 일도 조금씩 달라진다.

❶ **연구 기관**: 보안 방지를 위한 암호 개발, 백신 프로그램 개발 등 보안에 관한 각종 연구 및 상품 개발 업무를 수행한다.

❷ **국가 기관**: 국가 기관에서 근무할 경우에는 국익과 개인 생활에 침해를 일으키는 해킹이나 불법 정보 탐지 활동 등을 사전에 차단하기 위해 24시간 모니터링하며, 문제 발생 시 대처 방안에 대해 각 기관의 컴퓨터 보안 전문가와 협의한다.

❸ **정보 보호 전문업체:** 정보 보호 전문 업체에서 근무하는 경우에는 정보 보호 관련 컨설팅, 시스템과 네트워크 등의 분석, 침해 사고 분석, 보안 관제 등의 업무를 수행한다.

3. 컴퓨터 보안 전문가가 되는 방법

컴퓨터 보안 전문가가 되려면 대학에서 컴퓨터공학, 통계학, 전자공학, 정보보호학 등을 전공하는 것이 유리하다. 서버, 네트워크, 데이터베이스, 프로그래밍 언어, 악성코드 분석, 웹 공격기법, 네트워크 공격기법, 침해사고 분석, 모바일, RFID, 클라우드 시스템 등의 보안에 익숙하여야 한다. 또한, 정보 보호 관련 동아리 활동 경력이나 각종 보안 관련 대회에서 수상한 경력이 있거나 학원 등에서 훈련을 받거나 다양한 장비와 소프트웨어를 다루어 본 경험이 있다면 취업에 유리하다.

관련된 국내 자격증으로는 '인터넷 보안 전문가'가 있으며, 국제 전문가 자격증으로는 공인 정보 시스템 감사사인 CISA(Certified Information Systems Auditor)와 정보 보안 전문가 자격증인 CISSP(Certified Information System Security Professional)가 있다. 국제 전문가 자격증은 취업이나 승진에 도움이 되지만 자격증을 따기 쉽지 않은 데다 관련 분야에서 3~5년 정도 일한 경력이 필요하다.

정보 보호 컨설팅 업체, 바이러스 백신 개발업체, 인터넷 서비스 제공업체(ISP), 보안시스템 개발업체, 일반 기업체의 정보 보호 부서, 국가 기관 등에 취업한다.

　가장 중요한 것은 해당 분야의 경력으로 정보 보호 대응·관리 체계 구축 또는 제안, 정보 보호 취약점 분석 등의 실무 경력이 중요하다. 최신 크래킹 기법과 컴퓨터 바이러스에 대한 분석적 사고 능력이 필요하다. 따라서 이 직업을 갖기까지의 과정은 매우 어렵다고 할 수 있다. 게다가 눈 깜짝할 새에 변해 버리는 정보 사회의 흐름에 발맞춰 가려면 직업을 가진 후에도 끊임없는 노력을 해야 한다.

　정보 보호에 대한 지식은 물론 경제와 산업에 대한 거시적 안목과 책임감과 도덕심, 보안상의 문제를 찾아내야 하므로 꼼꼼한 성격과 인내심이 요구된다.

4. 컴퓨터 보안 전문가의 직업적 전망

　컴퓨터 보안 전문가는 우리나라는 물론이고, 전 세계적으로도 인력이 매우 부족한 실정이다. 따라서 고급 인력으로 대우받을 수 있어 큰 수입을 벌어들일 수 있는 가능성이 무한히 열려 있다고 할 수 있다. 개개인의 차이에 따라 연봉은 달라지겠지만, 경력이 쌓이면 쌓일수록 연봉의 금액은 상상할 수 없이 엄청나게 높아진다고 한다. 2013~2014년 연봉은 평균 3,815만 원이었다.

　한국인터넷산업진흥원의 국내 정보보호산업 실태 조사에 따르면, 2015년 말 현재 정보 보안 시장은 꾸준한 성장세를 보이고 있고, 정보 보안 시장 1조 9,284억 원, 물리 보안 시장 5조 8,192억 원으로 전년 대비 각각 11.1%, 5.4% 성장한 것으로 나타났다.

정보 보호에 대한 관심이 증가하고 있고, 기업 차원에서도 정보 보호 및 위험 관리를 위해 이 분야 전문가를 확보하고자 노력하고 있기 때문이다. 실제로 컴퓨터 보안 전문가는 직업 전문가들이 뽑은 미래의 유망 직업 중에서 당당히 1위를 차지했다.

앞으로 컴퓨터 보안 전문가의 일자리 전망은 밝은 편이다. 2016년 한국고용정보원의 「중장기 인력수급 수정전망 2015~2025」에 따르면, 2015년 약 1만 4,000명에서 2025년 약 1만 9,000명으로 향후 10년간 약 4,900명(연평균 3.0%) 증가할 것으로 전망된다.

사물인터넷과 클라우드 컴퓨팅 환경, 모바일 기기의 확대 등 초연결 사회로의 이행은 필연적으로 컴퓨터 보안 수요를 강화하고 있다. 향후 지능형 사이버 보안이 핵심 사이버 방어 기술로 예측되고 있으며, 지능형 영상 감시 등 물리 보안 역시 세계적으로 국가 안보 전략 기술로 인식되어 빠르게 성장하고 있다.

또한 정부에서도 스마트 모바일 보안 강화 정책을 실시하고 있으며, D-DoS 공격 대응, 스마트폰 보안, 유무선 융합 서비스 보안, 지능형 자동차 보안, u-헬스케어 보안, 금융 보안, 스마트그리드 보안, 산업 기밀 유출 방지 보안 등에 투자를 강화하고 있어 이 분야에 대한 성장과 인력 수요가 기대된다.

비록 숫자는 적지만 지금까지 줄곧 컴퓨터 보안 전문가는 IT 산업계에서 엄청난 파워를 발휘해 왔다. 앞으로도 컴퓨터 보안 전문가는 이 시대에 있어서 가장 필요한 직업이 될 것이다.

Interview

컴퓨터 보안 전문가

전진남

컴퓨터 보안 전문가는 어떤 일을 하나요?

보안 전문가는 해킹과 같은 위협으로부터 정보 시스템과 정보 자산을 보호하기 위한 정보 보안 정책을 수립하고, 시스템에 대한 접근 및 운영 체제를 통제하며 실제로 침입자가 발생했을 때 신속하게 대응, 복구하는 업무를 수행하는 직업입니다.

그러니까 해킹을 하지 못하도록 예방하거나, 실제 해킹이 일어났을 때 대응하는 일을 하는 건데, 이 말은 즉 해킹을 할 줄 알아야 막을 수도 있다는 뜻이겠지요?

그렇죠. 결국은 같은 일인데 목적을 어디에 두느냐에 따라 범죄자가 되기도 하고, 보안 전문가가 되기도 하는 거죠. 나쁜 목적으로 해킹을 하는 사람을 블랙 해커, 크랙커라고 부르는데요. 금전적 이득을 위해서 혹은 내가 이 정도 실력은 된다는 걸 보여 주기 위해 과시용으로 해킹을 하는 경우가 여기에 포함되고요. 저처럼 컴퓨터 시스템과 사회 안전 장치를 보호하는 역할을 하는 보안 전문가들은 화이트 해커라고 부릅니다. 실력으로 따지면 화이트 해커와 블랙 해커는 같다고 할 수 있어요.

그런데 중간에 그레이 해커가 있습니다. 실력과 도덕적 신뢰도, 모두 화이트와 블랙 사이에 있다고 보시면 돼요. 그리고 요즘 새로 생겨난 레드 해커가 있는데요. 홍커라고도 해서 중국의 해커를 말합니다. 여기에는 북한의 해커들도 꽤 있을 거라고 추측하고 있어요. 그리고 또 마지막으로 '스크립트 키디'라고 있어요. 이분들은 해커가 만들어 낸 프로그램을 이용하는 사람들을 말합니다. 잘 알려진 툴을 이용하기 때문에 피해는 주지 않지만 간혹 잡혀가는 일도 있습니다. 왜냐하면 해커들은 로그를 삭제한다든지 자기의 신변을 감추기 위해서 돌아오는 루트를 결정하거든요. 즉 자기의 흔적을 지운다는 거죠. 그런데 키디들은 그냥 단순히 프로그램처럼 활용하는 거예요. 실행만 시키고 자기가 들어왔던 흔적은 못 지우니까 금방 들통이 나게 됩니다.

컴퓨터를 잘 하는 분들은 어디까지 가능한지 호기심이 생기긴 하겠네요.

그렇죠. 특히 우리나라처럼 인터넷망이 잘 되어 있는 곳에서는 더욱 유혹에 빠지기 쉽지요. 가령 카페 같은 곳에서 무선 와이파이를 같이 쓰잖아요. 그런 곳에서는 스내핑이라고 해서, 다른 사람의 개인 정보를 쉽게 얻을 수 있지요.

> 청소년인데 **컴퓨터에 관심**이 있다면
> 열심히 파보라고 권해 보고 싶어요.
> 하지만 **거기에만 매몰되어서는 안 됩니다.**

Q 전진남 팀장님은 언제부터 이런 쪽에 관심을 갖게 되셨나요?

원래 컴퓨터를 좋아했어요. 게임도 많이 하고요. 고등학교 때 또래친구들과 유명한 해킹 툴을 시험 삼아 해 보긴 했는데 그땐 그렇게 빠져들진 않았고요. 대학 때는 컴퓨터 동아리 활동을 했는데, 거기서 단계적으로 모의 해킹을 해요. 그런 과정에서 많이 배웠어요. 그래서 기숙사에서 실제로 해킹이 되는지 확인해 보고 싶은 거예요. 옆 친구한테 허락을 받고 가이드에 따라 한 번 해 봤더니 상대방의 비밀번호가 보이더라고요. 무척 신기했어요. 천재 해커로 꼽히는 '이두희'라는 분은 학교 다닐 때 배우 김태희 씨 졸업사진이 보고 싶어서 학교 업무망을 해킹했다고 하던데, 저는 그날 친구의 컴퓨터를 해킹하면서 화이트 해커로 새로운 삶을 시작하게 됐어요.

Q 컴퓨터 보안 전문가들은 대부분 전공자들이신가요?

요즘은 정보보안과가 신설이 되기도 했다는데요. 솔직히 꼭 컴퓨터 공학과 나왔다고 해서 코딩을 더 잘하진 않는 것처럼, 보안 쪽도 마찬가지예요. 전공은 상관이 없다고 할 수 있어요. 학교는 아직도 너무 이론공부가 많거든요. 자격증도 있긴 해요. 국제 자격증으로 CISA 정보시스템 감리사, CISSP 정보시스템 보안전문가, 또 국내에는 정보보안기사 자격증이 있어요. 세 자격증은 동등한 대우를 받기 때문에 비용 측면에서 국내 자격증을 따는 게 나아요. 그런데 아무리 자격증이 있어도 실제 실력이 없으면 이 직업을 유지하기는 힘듭니다. 무조건 실력이에요. 보안 전문가는 컴퓨터 전반에 대해 다 알아야 합니다. 각종 운영체제와 데이터베이스, 프로그래밍 언어, 네트워크 구조 다 알아야 해요. 공부해야 하는 범위가 무척 넓죠?

Q 컴퓨터 보안 전문가들은 근무 시간이 불규칙할 것 같은데, 어떤가요?

보안 전문가도 몇 가지로 분류할 수 있습니다. 보안 사고가 발생했을 때 손상된 시스템을 복구, 대응하는 침해 대응 전문가가 있고요. 보안에 대해 조언을 해 주는 정보 보안 컨설턴트, 백신 같은 프로그램을 개발하는 보안 솔루션 개발자도 있습니다. 모의 해킹 전문가도 있고요. 각자 맡은 역할에 따라 근무 여건은 다 다를 것 같은데요. 침해 대응 전문가의 경우 언제 사건이 터질지 모르기 때문에 항상 긴장감 속에서 살아야 하는 단점이 있습니다. 휴가를 가도 사고가 생기면 당장 달려와서 해결해야 하고, 해결될 때까지는 밤샘 근무도 감수해야 하고요.

Q 그럼 보안 전문가가 되기 위해서 어떤 준비를 해야 할까요?

가장 중요한 것은 체력을 키우는 일입니다. 밖에서 많이 뛰어놀고 운동하면서 체력을 튼튼하게 키우고요. 중학생인데 이쪽에 관심이 아주 많다면 IT 관련 특성화고등학교를 생각해도 괜찮을 것 같아요. 그리고 기회가 되는대로 해킹대회에 참가해 보는 것이 좋아요. 국내에는 〈키사〉라는 해킹대회가 있고, 구글에서 주관하는 해킹대회도 있어요.

Q 보안 전문가의 전망은 어떻게 보세요?

계속 새로운 것이 개발되고 급변하는 시대에 살고 있잖아요. 자율 주행, 사물 인터넷 등 우리의 새로운 미래에는 바늘과 실처럼 거기에 맞는 보안 체제가 항상 따라와야 하거든요. 그래서 앞으로도 이 분야는 지금보다 더 절실하게 필요할 것이라고 생각합니다. 지금도 인력이 부족한 상황이라 실력 있는 보안 전문가를 기다리고 있는 상황입니다.

Q 보안 전문가를 꿈꾸는 청소년들에게 해 주고 싶은 이야기가 있다면요?

요즘 초등학교 때부터 코딩교육을 받는다고 하던데요. 제 개인적인 의견으로는 별로 필요 없을 것이라는 생각이 들어요. 인공지능이 실용화되는 시대가 왔고, 4차 산업 혁명이 일어나고 있는데 어떤 기술이 필요할지 지금으로서는 예측하기가 힘든 상황이거든요. 어릴 땐 그 나이에 맞는 놀이를 하고, 체력을 키우고, 감성을 배우는 게 맞는다고 생각합니다. 청소년인데 컴퓨터에 관심이 있다면 열심히 파보라고 권해 보고 싶어요. 하지만 거기에만 매몰되어서는 안 됩니다. 보안 전문가뿐 아니라 어떤 직업에서도 가장 중요한 것은 체력이거든요. 그 나이에 맞는 균형 잡힌, 건강한 생활을 해야 원하는 일도 할 수 있습니다.

그리고 무엇보다 가장 중요한 것이 윤리 의식이에요. 처음에 말씀드린 것처럼 보안을 지키는 화이트 해커와 보안을 뚫고 범죄를 저지르는 블랙 해커는 사실 한끝 차이입니다. 도덕적이냐 아니냐의 차이니까요. 조금만 다른 마음을 먹으면 유혹에 빠지기 쉽습니다. 영화에서 보면 감옥에서 나온 해커가 스카우트 대상 0순위잖아요. 그런데 그건 영화일 뿐입니다. 제대로 된 회사라면 범죄를 저지른 사람은 뽑지 않습니다. 그 사람이 또 한 번 양심을 버리는 행동을 할지 어떨지 아무도 장담할 수 없기 때문입니다.

보안업체는 신뢰를 먹고 사는 곳이라 그런 위험한 선택은 절대 하지 않아요. 그러니, 자칫 내가 이 정도 실력이 있어라는 과시욕에 불법적인 일을 저지르는 실수는 절대 하지 말라고 당부하고 싶어요. 영화 보고 따라 했든 어쨌든 범죄자로 똑같이 처벌받게 됩니다.

보안 전문가는 그 어떤 직업보다 공익성이 강한 직업입니다. 아픈 사람을 고쳐주는 의사처럼 이웃을 안전하게 지켜주는 경찰처럼, 보안 전문가도 사회에 이바지하는 바가 큰 직업입니다. 그만큼 성취감도 높고요. 몸과 마음이 건강한 청소년들의 많은 도전 기대하겠습니다.

03
가상현실 전문가

1. 가상현실 전문가란?

2016년 세계가전박람회(CES, Consumer Electrics Show)와 세계통신박람회(MWC, Mobile World Congress)에서 모두 가상현실(VR, Virtual Reality)이 중요한 주제로 등장했다.

가상현실(VR)이란 컴퓨터 기술을 이용하여 인공적으로 만들어 낸 특정한 환경이나 상황을 의미한다. 가상현실 기술을 이용하면 현실 세계에 존재하지 않거나 불가능한 것까지도 체험할 수 있게 된다. 가상현실과 유사한 것으로 증강현실(Augmented Reality: AR)이 있다. 이는 가상현실의 일부분으로 실제 환경에 가상의 사물이나 정보를 합성하여 원래 존재하는 것처럼 보이게 하는 것이다. 현실 세계와 가상의 세계를 합쳐 하나의 영상으로 보여 준다 하여 혼합현실(Mixed Reality, MR)이라고도 한다.

생활을 더 윤택하고 편리하게 만들어 주는 가상현실의 기술은 수술 실습뿐만 아니라 게임, 비행기 조종 훈련, 자동차 운전 훈련, 가상 모델하우스, 여가생활, 교육 교재, 안전 교육 등 매우 다양한 분야에서 활용되고 있다. 특히 증강현실 기술을 이용한 개인용 지도 안내 시스템 등도 우리 생활의 편익을 증가시킨다.

사람들이 이렇게 가상현실을 경험할 수 있는 것은 가상현실 전문가들 덕분이다. 가상현실 전문가는 3차원 모델링(3D) 및 가상현실 모델링 언어(VRML) 등을 활용하여 가상의 시공간에서 여러 가지 세계를 체험할 수 있도록 가상의 시스템을 개발하는 일을 한다.

2. 가상현실 전문가가 하는 일

가상현실 전문가는 3차원 모델링(3D) 및 가상현실 모델링 언어(VRML) 등의 기술을 이용해 가상의 시공간에서 가상시스템을 개발한다.

가상현실 전문가가 일을 하는 과정을 따라가 보면, 먼저 사용자가 원하는 가상세계가 무엇인지를 파악하고 개발하고자 하는 시스템을 면밀히 검토하여 개발 방향을 기획하고 설정한다. 가상현실에 등장할 모델(사람, 동식물, 사물 등)을 정하고 이들의 외부 형상과 배경 환경(숲, 바다, 하늘, 바다 등)을 설정하고 형상으로 모델링한다. 가상현실 콘텐츠 구성이 완료되면, 가상현실 촬영팀과 함께 촬영 기획을 협의한다. 제품에 대한 기획

안이 결정되면 이를 토대로 3차원 컴퓨터 그래픽 제어 기술을 활용하여 프로그램을 만든다.

이후 디자인 감각을 발휘하여 사용자가 실제의 느낌을 가질 수 있도록 가상현실 시스템을 디자인한다. 이때 사물을 스케치하고 색깔을 입히거나 질감을 입히는 3D 맵퍼로 불리는 컴퓨터 그래픽 디자이너의 역할이 중요하다. 또한 물체와 효과가 연동되도록 Visual Basic, C++ 등의 프로그래밍 언어를 사용하여 프로그램을 작성하는 일도 한다. 콘텐츠가 가상현실 기기로 구현될 수 있도록 시스템에 탑재하여 기기와 시스템을 연결하여 사용자가 체험할 수 있도록 한다. 마지막으로 제작된 가상현실 소프트웨어에 오류가 없는지 테스트하고 수정 작업을 거쳐 제품을 완성한다.

분야에 따라 과학용 소프트웨어 개발자, 산업용 소프트웨어 개발자, 교육용 소프트웨어 개발자 등으로 불리기도 한다.

3. 가상현실 전문가가 되는 방법

가상현실 전문가가 되려면 대학에서 컴퓨터소프트웨어, 전산, 정보처리, 컴퓨터그래픽과, 컴퓨터디자인과, 컴퓨터응용제어과, 컴퓨터프로그래밍학과 등을 전공하면 유리하

다. 또한 반드시 디자인이나 컴퓨터 관련 학과를 전공하지 않더라도 각종 아카데미, 사설학원 및 전문 교육기관 등을 통해 가상현실의 각종 디자인에 대한 구상 능력을 포함해 가상현실 전문가로서 역량을 키울 수 있다.

관련 자격으로는 시각디자인 산업기사, 시각디자인 기사, 컴퓨터그래픽스 운용기능사 등이 있다. 디자인에 관련된 자격증을 습득하는 것이 유리하다.

ICT 기업, 게임회사, 공연, 여행, 오락 등의 엔터테인먼트 기업, 방송 및 영상 제작 업체, 교육콘텐츠 제공 업체, 운송회사, 온라인 쇼핑업체, 마케팅 기업 등의 서비스 산업에 취업한다.

기획이나 디자인 분야의 전문기와 협업을 하는 경우도 많아 다양한 지식과 팀워크가 매우 중요하다. 기본적으로 소프트웨어의 분석, 설계, 구현, 테스트 등에 관한 이론적 지식과 실무 경험이 필요하다. 구체적으로 3D 모델링/조명/질감(StudioMax 등 프로그램 사용) 활용 능력, 3D 시각화 소프트웨어 사용 능력, 컴퓨터 프로그래밍 언어 지식(Python 등), 360도 시야(view) 기술 및 조작 능력, 시각 효과에 대한 전문 지식 등이 필요하다.

또한 현실 세계와 가상의 세계를 종합적으로 보는 분석력과 창의력이 필요하며, 가상의 시공간에 대한 폭넓은 응용력이 필요하다.

4. 가상현실 전문가의 직업적 전망

근무 환경은 쾌적하고 육체적 스트레스는 적은 편이나, 근무 시간이 길고 정신적 스트레스가 심한 편이다. 프로그램 개발에 대한 높은 수준의 전문 지식이 요구되고 업무 자율성이 높은 편이다. 연봉은 2016년 기준 평균 3,330만 원이다.

2010년 이후 세계 AR · VR 시장이 빠르게 성장해왔으며, 2020년까지 성장세를 유지할 전망이다.

한국 VR산업협회에 따르면 국내의 가상현실 시장 규모는 2020년에 약 5천700억 원에 이를 전망이다. 가상현실 전문가의 일자리 전망은 매우 밝은 편이다.

가상현실 기술은 군사 분야 외에도 교육 분야, 로봇장치를 이용한 원격 수술, 진단, 심리치료 등 폭넓은 분야에서 사용될 수 있을 것으로 기대를 모으고 있다. 특히 엔터테인먼트 게임 부문에서 대중적인 관심을 받으며 확산될 전망에 따라 가상(증강) 현실 엔터테인먼트 부문에 투자가 집중되는 상황이다. 또한 4차 산업 혁명의 핵심적인 요소 기술로 가상(증강) 현실의 기술이 널리 확산되면서 이 분야의 인력에 대한 수요가 증가하고 있다.

IBM, 도요타, 페이스북, 삼성전자, 소니(Sony), 엡손(Epson) 등의 글로벌 기업들도 VR 시장에 진입하고 있다. IBM사에서는 회사 내 전략 회의를 3D 가상현실 웹 사이트인 세컨드라이프(Second Life) 상에서 실시하고 있으며, 도요타는 실제 자동차와 똑같은 자동차를 웹으로 보여 주고 판매하고 있다. 소니는 플레이스테이션(Playstation) VR로 저가의 대중적인 시장을 목표로 하고 있다. 삼성전자에서는 '기어VR'에서 경주 관광지를 가상현실로 체험할 수 있는 콘텐츠를 제공하고 있다. 또한 국내 통신사들이 기술 개발에 힘을 쏟고 있고, 삼성전자와 LG전자는 HMD 디바이스와 360도 카메라 등을 출시해 시장이 형성되고 있다.

가상현실 디바이스가 대중화하면 콘텐츠 시장도 점차 확대될 것으로 보인다. 지금도 가상현실을 이용한 애플리케이션이 개발되며 많은 직업군도 생기고 있으며, 이를 찾는 소비자 또한 늘고 있다.

특히 증강현실 기법이 광고 등 여러 분야에 접목되면서 가상현실을 이용하는 수요가 더욱 확대되고 있다. 앞으로 가상현실 기술이 더욱 발전한다면 유비쿼터스 사회로의 진입은 더욱 가속화될 것이다. 이에 따라 미래 핵심 기술인 가상현실 기술에 대한 기업들의 투자도 확대되고 있어 가상현실 전문가의 수요는 계속 증가할 것이다.

Interview

가상현실 전문가

박선욱

Q 어떤 일을 하시는지 소개해 주세요.

서커스 컴퍼니는 2012년 창업한 증강현실 솔루션, 플랫폼 콘텐츠를 제작하는 회사입니다. 현재 아시아 지역에서는 증강현실 분야에서 자타공인 넘버원이라고 말씀드릴 수 있고요. 저는 대표를 맡고 있는 박선욱입니다.

Q 대표님도 컴퓨터 전공자이신가요?

아닙니다. 증강현실 하면 일반적으로 프로그램을 짜는 개발자만 떠올리지만 사실 증강현실 전문가에는 여러 가지 직군이 있습니다. 우리 회사에도 마케팅, 디자이너, 프로그래머, 영상전문가, 3D모델러 등 분야별 전문가가 다 있습니다. 증강현실을 만드는 과정에 이 모든 직군들이 다 필요하지요.

직군에 따라 필요한 자질도 다른데요. 프로그램 개발자들은 일단 컴퓨터를 좋아하는 사람이어야겠죠. 그건 게임을 좋아하고 즐기는 것과는 다른 얘깁니다. 컴퓨터가 어떻게 만들어졌을까, 윈도는 어떻게 작동할까 자기가 코딩해 보는, 이런 컴퓨터 자체에 관심이 많은 사람들을 말합니다. 그래서 수학을 잘 해야 하고 논리적인 사고력이 필요합니다.

디자이너와 3D 모델러는 그림을 잘 그리고 상상력이 풍부하고, 애니메이션을 좋아하는 사람들이 잘 할

수 있습니다. 마케팅 담당자는 굳이 전공을 연결하자면 경영, 콘텐츠학과 이런 쪽이라고 할 수 있지만 그것보다는 본인 성향이 잘 맞아야 합니다. 대인 관계가 좋고 자기 표현을 잘 하고, 성취욕이 강해서 계획에서 수행까지 꼼꼼히 잘하는 사람이 마케터로 적당하지요.

그런데, 이렇게 분야가 나뉘어 있지만 사실은 다른 분야까지 완전히 이해해야만 업무를 제대로 해낼 수 있습니다. 이것은 증강현실에만 해당하는 얘기가 아니라 4차 산업이 되면 어느 분야에서든 융합형 인재가 되어야 합니다. 예전에는 디자이너들이 단순히 그림만 잘 그리고 창의력이 뛰어나면 된다고 했지만 이젠 아날로그와 디지털을 결합할 수 있는 시각을 가져야 합니다. 웹, 애플리케이션 등 새로운 디바이스들을 이해해야 필요한 디자인을 뽑을 수 있거든요. 그래서 저는 직원들에게 서로 다른 업무를 해 보도록 권합니다. 프로그래머한테 디자인도 시켜 보고, 디자이너한테 영상도 찍게 하고, 그렇게 다른 업무들을 전반적으로 이해해야 좋은 증강현실 프로그램이 완성됩니다.

Q 먼저 증강현실이 무엇인지 간단하게 설명해 주세요.

'증강현실'은 실제 우리의 현실에 디지털 콘텐츠를 중첩하는 기술입니다. 그 디지털 콘텐츠는 이

미지도 있고, 위치가 될 수도 있고, 소리, 신호가 될 수도 있어요. 요즘 큰 인기를 얻었던 포켓몬GO를 예로 들자면, 스마트폰을 켜서 게임을 실행한 후 실제 움직이면서 화면에 나타난 포켓몬을 잡는 게임입니다. 카메라로 그 지점을 비추면 현실 세계에 실제로 나타난 것처럼 등장한 포켓몬을 볼 수 있는데요. 이것이 바로 증강현실입니다. 방에 가만히 앉아서 즐기던 기존의 게임과는 전혀 다른 방법으로 선풍적인 인기를 끌었지요.

비슷한 개념으로 가상현실이 있는데요. '가상현실'은 컴퓨터가 만든 100% 가짜 상황입니다. 일단 헤드 마운트 디스플레이 같은 장치로 자기의 시야를 차단해야 인공적인 새로운 가상세계를 만날 수 있어요. 우주 공간 같은 직접 경험하기 힘든 상황을 가상 경험할 수 있는 것이죠. 그래서 탱크, 항공기의 조종법 훈련을 하거나 수술 실습 같은 교육용으로도 많이 쓰이고 있어요. 그 두 가지를 합한 것을 '혼합현실'이라고 하구요, 아주 큰 개념으로 보자면 모두 증강현실 안에 포함된다고 할 수 있습니다.

Q 박선욱 대표님은 어떻게 이 일을 시작하게 되셨나요?

저는 이 일을 시작하게 된 과정이 좀 길어요. 저는 원래 세무회계를 전공했습니다. 그런데 그냥 책상에 앉아 회계 업무를 보는 것이 적성에 잘 맞지 않았어요. 내가 좋아하는 일이 뭘까 찾다가 마케팅 쪽에 발을 내디뎠습니다. IT 관련 잡지 마케팅 쪽에서 몇 년간 일을 했는데 공부를 좀 더 해야겠다는 생각이 들었어요. 왜냐하면 제가 전문대를 나왔는데, 회사에 있다 보니 진급, 연봉 등에서 학력 때문에 오는 불이익이 상당히 많더라고요. 그래서 유학을 준비하던 중에 유학 관련된 회사에 좋은 조건으로 일자리를 추천받아서 유학은 포기하고 또 직장을 옮기게 됐지요. 그런데 그

회사도 오래 다니지 못했습니다. 그때가 29살이었어요. 아마 제대로 된 제 것을 찾기 위한 탐험을 하는 기간이었던 것 같아요.

나는 무슨 일을 해야 할까 고민을 많이 했어요. 가치 있고 비전도 있어야 하겠고, 평생직장을 생각한 끝에 보험 영업을 시작했어요. 꾸준히 하다 보니 1~2년 후에 억대 연봉자가 되어 있더라고요. 그때 증권 공부도 같이 했어요. 그래서 주식 트레이더로 전향했어요. 주가도 많이 올라서 월봉 1억의 고소득자가 됐어요. 곧 강남 빌딩을 살 수 있겠다고 예상했는데, 갑자기 스위스의 페그제 선언으로 엄청난 손실을 보게 됩니다. 큰 손실을 보고 다시 한번 겸손해지는 계기를 갖게 됐죠.

그때 우연히 증강현실이란 것에 대해 알게 됐어요. 자산 투자를 받았는데 어떻게 운용할까 자문해 주기 위해 공부하면서 증강현실 분야의 가능성을 보게 된 거죠. 퇴근하면 집에 와서 증강현실에 대해 미친 듯이 공부했어요. 제가 프로그램을 직접 짜진 못하지만 해외 사이트까지 뒤져 가면서 증강현실을 어떻게 활용할 수 있을지, 어떻게 하면 기술 개발을 할 수 있는지 조사해나갔어요. 그리고 기술자를 찾아서 제가 생각한

것을 실제로 구현해 봤죠. 그렇게 해서 증강현실을 전문으로 하는 지금의 회사를 만들게 됐습니다.

 이 분야는 굉장한 기술력을 바탕으로 해야 할 것 같은데 독학이라니 놀랍습니다. 어떻게 가능했을까요?

저는 컴퓨터 전공자가 아니니 프로그램을 직접 짤 수는 없어요. 하지만 증강현실은 아까 말씀드린 것처럼 프로그램만 짠다고 되는 것이 아니거든요. 전체를 봐야 합니다. 그동안 제가 여러 직업을 거치면서 쌓았던 경험들이 지금 엄청나게 도움이 되고 있어요. 특히 금융 관련 일을 하면서 쌓은 경험 덕에 트렌드를 읽을 수 있고, 비즈니스 방향도 잡을 수 있어서 훨씬 더 좋은 결과를 얻을 수 있었습니다. 훌륭한 프로그래머의 기술과 증강현실이 필요한 분야의 트렌드를 읽는 능력을 조합시킨 거죠. 일이란 것은 기술만 갖고 되지도 않고 열정만 가진다고 되는 것도 아니고, 모든 것이 조화로워야 한다는 걸 이제 확실히 깨달았어요.

 증강현실 분야의 미래 성장 가능성은 어떻게 보십니까?

증강현실은 IT 기술의 물과 소금이라고 할 수 있습니다. 모든 IT 기술과 다 접목될 수 있고, 필요한 기술이 될 거란 의미죠. 이미 교육용으로 많이 쓰이고 있지만, 앞으로는 우리 일상생활에 어디서든 만날 수 있을 겁니다. 지금은 검색 창에 글자를 써 넣어서 검색하잖아요? 곧 카메라로 비추면 검색하는 방법으로 바뀔 거고요. 또 안내판도 세계 각국의 언어로 변환되어 바로 보이게 될 겁니다. 운전할 때 창 전면에서 길 안내하는 시스템도 곧 실생활에서 쓰이게 될 것이고 뭐 일일이 다 얘기할 수 없을 만큼 증강현실이 생활화될 거예요. 요즘 가장 활발하게 개발되는 쪽은 교육 분야인데요. 지금 우리 회사에서 개발 중인 것이 실험입니다. 실제로 실험을 하려면 선생님뿐만 아니라 실험 기자재 등 필요한 것이 많잖아요. 그래서 경제적으로 어렵거나 섬이나 산간 지역 등에서는 다양한 실험을 직접 하기가 힘들었지요. 그런 것의 대안으로 실험을 증강현실로 만드는 작업을 하고 있습니다. 아이디어만 있으면 증강현실을 활용할 수 있는 분야는 무궁무진합니다.

 그러면 이 분야의 일을 하면서 힘든 점은 무엇일까요?

IT 기술의 변화는 정말 놀라울 정도로 빠르게 일어나고 있습니다. 그 변화의 속도에 계속 발맞춰 나가야 하는 게 쉽지 않죠. 게다가 이 증강현실 분야는 새로 시작된 분야라서 애플 같은 IT 강자들이 아직 시장에 참여도 안 한 상태거든요. 그 강자들이 증강현실에 본격적으로 뛰어들면 판도가 어떻게 바뀔지 예측할 수가 없어요. 그래서 우리 같은 중소기업은 더 열심히 우리의 실력을 키워서 내일을 준비해야 합니다.

 증강현실 분야에 관심 있는 청소년들은 어떤 준비를 하면 좋을까요?

증강현실 직업군을 생각한다면 꼭 증강현실만 보고 이것만 공부해선 안 됩니다. 자기 경험의 다양성이 정말 중요하다고 생각해요. 많이 보고, 열심히 놀고, 열심히 공부하고 무엇이든 부딪혀 보세요. 여러분의 다양한 경험은 뼈와 살이 되어 나중에 훌륭한 작품을 만들어 낼 겁니다. 저도 지난날 다양한 직업들을 거치지 않았다면, 매일 새로운 아이디어를 내고 지금처럼 즐겁게 일하지 못했을 겁니다. 저는 "인생은 똥이다"라는 말을 자주 합니다. 어제 먹었던 점심이 결국 오늘 아침 변으로 나오는 것처럼, 과거가 현재를 만들고 현재가 미래를 만들거든요. 맨날 라면이 좋아서 라면만 먹으면 언젠가는 병이 되어 돌아옵니다. 현재를 충실히 살아야 내일 좋은 결과가 나오고요. 제가 군대 말년에 시간이 많이 남으니까 이것저것 생각을 많이 해 봤습니다. 그리고 정리를 해 봤어요. A4 용지 4~5장 정도에 내가 좋아하는 일, 싫어하는 일, 시간만 나면 하는 일, 이렇게 나는 어떤 사람인가 적어 보고 제대 후 플랜 A, B, C, D도 만들어 봤어요. 그게 다 계획대로 되지는 않았지만, 비슷하게 이루어지고 있더라고요. 결국 꿈과 목적을 가지면, 그 계획이 꼭 '내일 뭘 해야지'라는 구체적 계획이 아니라도, 큰 방향을 가지는 것만으로도 인생은 많이 달라질 수 있는 것 같아요.

04
게임 프로그래머

1. 게임 프로그래머란?

    사람들이 좋아하는 PC 게임, 온라인 게임, 비디오 게임 등은 게임 프로그래머에 의해서 만들어진다. 이들은 프로그램과 관련된 기술을 게임에 적용하거나 여러 게임에 적용할 수 있는 프로그램을 연구하고 개발한다. 게임 프로그래머는 게임 제작과 설계, 코딩, 원리 구현 능력 등 게임 알고리즘과 제작에 대한 능력을 갖춘 전문 기술 인력이다.

    사용자의 범위에 따라 서버 프로그래머와 클라이언트 프로그래머로 구분하기도 한다. 제작의 형태는 자체 개발 인력을 활용하는 자체 제작 방식과 그래픽, 음악 등의 분야를 외부에 맡기는 외주 제작 방식으로 구분하기도 한다.

2. 게임 프로그래머가 하는 일

하나의 게임이 완성되기까지는 게임 기획자, 게임 시나리오 작가, 게임 프로그래머의 손을 거쳐야 한다. 이들 세 사람을 합해 컴퓨터 게임 개발자라고 한다.

이 중 게임 프로그래머는 게임 기획자로부터 넘겨받은 기획안을 어떻게 프로그램화할 것인지 설계한다. 이 과정에서 기획안의 게임 구현 가능성을 점검하며, 게임 제작을 위한 엔진을 개발한다. 또한 영상을 컴퓨터 모니터로 출력하는 데 필요한 제반 함수를 구현하며 게임을 통해 특정 메시지를 전달할 수 있도록 키보드, 마우스 등의 입력 장치를 제작한다. 여기서 오버랩, 모자이크, 셀로판 효과 등의 그래픽 특수 효과를 반영한다. 마지막으로 그래픽 파일이나 사운드 파일이 정상적으로 게임 속에서 작동될 수 있도록 해 주는 프로그램을 작성한다.

완성된 게임에 대해서는 테스트를 통해 에러를 수정하고 버그를 찾아낸다. 개발 결과물을 가지고 기획 과정에서 참여했던 사람들과의 토론을 통해 수정할 부분이나 문제가 된 부분을 다시 보정한다. 이 외에도 최신 게임 개발 기술 현황을 파악하고, 응용 방법을 연구하기도 한다.

3. 게임 프로그래머가 되는 방법

게임 프로그래머가 되기 위해서는 특성화고등학교나 대학교에서 게임 관련 정규 교육 과정을 이수하면 유리하다. 이들 학과에서는 게임 기획, 게임 연출, 게임 프로듀싱 및 아이디어 발굴을 위한 교육, 게임 시나리오 작성, 아이디어 창출 교육, 게임 그래픽 디자인, 게임 프로그래밍, 게임 음악 등을 가르친다. 아니면 게임 인력을 전문적으로 양성하는 게임 아카데미 등의 사설 학원, 대학의 사회 교육원에서 3D 애니메이션, 웹 프로듀서, 디지털 웹 디자인, 게임 프로그래머, 게임 그래픽 디자인 등을 실습 위주로 배울 수 있다.

관련 자격으로는 게임 기획 전문가, 게임 프로그래밍 전문가, 게임 그래픽 전문가 등이 있다.

게임 프로그래밍 전문가 자격제도는 국내 게임 산업의 시대적인 요구에 발맞춰 게임 분야의 전문 기술 인력을 양성하기 위해 제정되었다. 2009년까지 한국산업인력공단에서 시행되다가 2010년부터 한국콘텐츠진흥원에서 주관하여 시행하고 있다. 자격시험은 게임 프로그래머가 기본적으로 보유해야 하는 능력 위주의 테스트로, 실기 시험은 주어진 조건에 맞는 실행 파일을 제작하는 형태로 출제된다.

취업은 사실상 제대로 갖추어진 포트폴리오와 실무 경험만 있다면 어렵지 않게 할 수 있다. 게임 제작업체, 온라인 포털 등의 업체에서는 프로그래밍 언어 능숙자 중에서 실무 경력 2~3년의 경력자를 선호한다.

Visual Tool, C언어 능숙자, 컴퓨터그래픽애니메이션 개발자나 실무 경력 2~3년의 경력자가 유리하며 윈도, 포토샵, 프리미어, 프로그래밍 언어(어셈블리, C/C++ 등), 자료 구조 등에 대한 지식이 요구된다. 또한 전산 관련 능력과 함께 문제 해결 능력을 키워야 한다.

4. 게임 프로그래머의 직업적 전망

현재 연봉은 다른 모든 게임파트와 비교했을 때 가장 높은 소득에 위치하고 있으며 2016년 기준 평균 3,775만 원이다.

게임 프로그래머의 일자리 전망은 매우 밝은 편이다. 한국콘텐츠진흥원에 따르면, 2017년 국내 게임 산업 매출액은 2016년 대비 2.9% 증가한 11조 6,000억 원, 수출은 6.4% 증가한 36억 7,000만 달러에 이를 것으로 기대된다.

현재 게임 산업에서는 모바일 기반 플랫폼이 폭발적으로 성장하고 있다. 우리나라도 온라인 게임 분야가 매우 활성화되어 있는데, 세계 최고 수준의 IT 인프라와 인터넷 망을 갖추고 있기 때문이다. 따라서 이 분야의 개발 부문의 인력에 대한 수요는 다소 증가할 것으로 전망된다.

또한 IT 산업에 대해 정부가 문화산업 지원의 일환으로, 게임 산업에 대해 집중 육성 및 전문 인력 양성과 지원을 하려고 한다. 따라서 이러한 증가세는 향후에도 지속적일 것으로 예상된다.

Interview

게임 프로그래머
김세연

Q 게임 프로그래머가 하는 일이 구체적으로 뭔가요?

먼저 '프로그래머'에 대한 정의를 생각해 보는 게 좋을 것 같아요. 프로그래머는 고객의 요청을 받아서 분석하고 그것을 컴퓨터에서 실행할 수 있도록 프로그램을 만드는 사람이거든요. 그것을 조금 더 확장해 게임 분야로 설명해 보면, 기획팀에서 고객의 니즈에 맞는 게임을 디자인하면 그것을 분석해서 실제로 코드로 옮겨 모바일이나 PC에서 실행 가능하도록 만드는 사람들이 게임 프로그래머입니다.

Q 게임은 어떤 과정으로 만들어지나요?

게임마다 조금씩 다른데 저희 팀을 기준으로 말씀드리면, 저희는 미국 마블 사와 같이 일을 합니다. 저희 기획팀에서 다음 게임의 방향을 결정하고 '이러이러한 콘텐츠들을 넣자'고 의견을 확정하면 그것에 관한 개발 회의를 합니다. 개발팀에서는 이에 대해 가능한지 불가능한지, 혹은 시간이 얼마나 걸리는지 등에 대해 회의 후 그 결과를 미국 마블에 보내죠. 그래서 마블 유니버스의 콘셉트와 맞아 진행하기로 협의가 되면, 저희 프로그래머들이 그 내용을 실제 코드로 옮기고 디자이너들은 그림을 그리고

해서 모바일에서 실행되게 만듭니다. 게임이 완성되면 구글이나 애플에 검수를 받아야 합니다. 해킹이 들어올 수 있는지 결제 시스템 같은 것들이 원활히 작동하는지도 체크한 다음 게임을 배포하게 됩니다.

Q 게임 프로그래머라면 오타쿠적인 성향의 게임 마니아가 연상되는데, 팀장님은 모범생처럼 보이네요. 어떻게 게임 프로그래머가 되셨나요?

10살 때 처음 컴퓨터를 만났어요. 학교 서클 활동에서 처음 컴퓨터를 했는데 소름이 돋았다고 할까요? 너무 신기해서 계속해 보고 싶고, 1시간이 너무 짧게 느껴지고 그랬어요. 그래서 컴퓨터 학원을 다니면서 베이직 같은 언어를 배웠고, 계속 관심이 있어서 컴퓨터 공학을 전공했어요. 그리고 프로그래머로 일하다가 공부가 더 하고 싶어서 영국에서 박사 학위를 딴 후 게임 쪽으로 들어왔어요. 제가 한 공부를 더 발전시킬 수 있겠다는 생각이 들어서요. 게임 분야는 사용자가 더 많기 때문에 서버의 분산 처리라든지 대용량 처리가 가능해야 되거든요. 그런 서버를 디자인하는 것들이 저한테는 매우 매력적이고 재미있습니다.

게임 프로그래머 중에는 오타쿠 성향을 가진 분들도

있고, 저처럼 좀 더 학문적인 접근을 하는 사람들도 있습니다. 일반적으로 생각하는 게임 마니아 같은 분들은 게임 기획자로 많이 일합니다.

Q 게임 하나를 만드는 데 시간은 얼마나 걸리나요?

저희 스튜디오의 경우, 게임 하나에 보통 6개월 정도 잡는 것 같아요. 한번 만들어 보고 재미없으면 조금 고치고, '폴리싱'이라고 부르는 것을 계속 거쳐서 나오거든요. 그래서 6개월 정도 걸려요.

Q 게임 프로그래머는 게임을 얼마나 많이 하나요?

게임을 많이 해 보기는 해요. 마켓에 올라오는 매출 순위를 보고 인기 있는 게임들을 다 해 봅니다. 이 게임의 장점은 뭔지, 이 게임에 이런 건 왜 넣었을까, 이게 어떻게 비즈니스 모델과 연결이 되어 있나 이런 걸 분석하기 위해서요. 그러니까 게임을 즐기는 것이 아니라 시장 조사를 하고 공부를 하는 것이죠. 업무 시간에 신나게 게임만 하고 있고 그러진 않습니다. 혹시 게임회사에 들어가면 종일 게임할 수 있을지도 모른다는 꿈을 꾸고 있다면, 생각을 바꿔야 합니다.

Q 대표작이랄까요. 가장 성공한 게임은 무엇입니까?

지금 진행하고 있는 게임으로 '마블 퓨처 파이트' 글로벌 런칭게임이고요. 매출 면에서도 상당히 좋은 성과를 내고 있습니다. 성공하겠다 싶은 게임은 만들면서 느낌이 오거든요. 이 게임도 그랬어요. 사

실 성공하는 게임이 그렇게 많지는 않습니다. 만드는 사람이 재미있으면 성공할 확률이 높아요. 재미를 느끼는 요소, 트렌드들도 빠른 속도로 변하기 때문에 계속 그걸 분석하고 수정해 가면서 만들지요.

Q 게임 프로그래머라는 직업에 대한 만족도는 어떤가요?

저는 아주 만족하고 있어요. 게임회사는 다른 회사보다 조금 더 자유롭게 토론하고 의사소통을 할 수 있어서 권위적이지 않아요. 사실 게임업계가 산업으로 시작된 지 얼마 안 됐어요. 넷마블도 2000년에 창업했거든요. 사장, 임원 모두 실제로 나이가 많지 않고 일의 특성상 분위기가 자유로워요. 보통 회사마다 '꼰대'라고 불리는 어른들이 있잖아요. 게임회사에

는 꼰대가 없어요. 제가 유학 다녀온 후 몇 개월 동안 스타트업 회사에 있었는데, 그 빌딩엔 스타트업 회사들이 모여 있는 곳이었거든요. 거긴 어디서든 모여서 자유롭게 토론해요. 그것도 영어로요. 아마 10~15년 지나면 대부분의 IT 기업에 그런 분위기가 확산될 거예요. 지금 우리 넷마블 컴퍼니보다도 훨씬 더 자유롭게 토론하고 의견을 제시하고, 그걸로 서로 합의하고 움직이는 그런 문화들이요. 어떻게 보면 세대 간의 격차인 것 같기도 합니다. 회사 문화가 조금씩 진화하고 있는 거겠지요.

그럼 게임회사는 은퇴가 빠른가요?

게임 산업의 역사가 짧기 때문에 아직 은퇴하신 분들이 없어요. 그리고 제 생각엔 은퇴가 빠를 것 같진 않아요. 제가 대학에 들어가면서부터 프로그래머 일을 했었는데, 그때 선배님들이 "프로그래머는 30대까지가 한계다"라는 얘기를 많이 하셨어요. 그런데 지금 보면 40, 50대가 되신 분들도 왕성하게 일하고 계시거든요. IT 산업은 효율이 아주 중요합니다. 효율을 잘 내려면 이 사람이 정말 전문가여야 해요. 나이와 관계없이 노력을 안 하는 사람은 도태될 수밖에 없고, 계속 새로운 기술을 공부하는 사람은 성장해 나가는 거예요. 요즘은 소셜 네트워크가 워낙 잘 되어 있잖아요. IT 기술이나 새로운 소식들을 같이 공유하는 그룹들이 굉장히 많아요. 그런 그룹들을 통해 각자의 경험과 지식을 공유하면서 끊임없이 공부하고 노력해야 합니다.

게임 프로그래머란 직업의 장단점은 뭘까요?

장점은 좀 자유롭게 일할 수 있다는 것과 젊은 분위기를 먼저 꼽을 수 있고요. 사용자의 반응을 가까이서 느낄 수 있는 것도 아주 보람되고 여러 가지 좋은 장점들이 많아요. 단점은 IT 분야 전반의 문제인 것 같은데요. 끝없이 계속 노력하지 않으면 금방 도태된다는 거예요. 예를 들어 어떤 화가가 드로잉의 마스터가 되었을 때, 이 사람은 계속 명작을 만들어 내는

거잖아요. 법률가도 고시를 패스하고 나면 계속 그 직위를 유지하는 할 수 있잖아요. IT 쪽은 마스터가 되더라도 업그레이드가 안 되면 곧 쓸모없는 기술이 돼 버리거든요. 그래서 계속 공부해야 한다는 것이 우리의 숙명이기도 하고, 또 그런 이유로 늘 새로운 도전을 하게 되어 즐겁기도 합니다.

게임 프로그래머에게 필요한 자질은 어떤 것일까요?

우선 성실해야 하고 아주 꼼꼼해야 해요. 실수를 하면 안 되니까요. 그리고 새로운 것을 받아들이는 데에 거부감이 없는 사람이어야 합니다. 매일 새로운 것을 배우고 익혀야 하니까요. 또 하나 중요한 것은 논리적인 사고를 해야 합니다. 이것은 그림을 자꾸 그리면 그림 실력이 좋아지는 것처럼 청소년기의 독서나 습관을 통해 향상될 수 있는 부분입니다. 예를 들어 〈이상한 나라의 앨리스〉는 논리를 가르치려고 쓴 책이거든요. 이런 책들을 찾아서 읽으면 도움이 될 거예요.

게임 프로그래머에 관심 있는 청소년들에게 해 주고 싶은 말이 있다면요?

게임을 좋아하는 사람은 두 부류가 있어요. 그냥 게임을 즐기는 사람과 게임을 분석하는 사람이 있습니다. 게임 분야에서 일을 하고 싶다면, 분석을 해야 합니다. 자기가 좋아하는 게임뿐 아니라 싫어하는 게임도 해 보고, 왜 좋은지 왜 싫은지, 나라면 어떻게 만들지 고민을 해야 합니다. 그런 분석이 흥미롭지 않다면 그냥 게임을 즐기는 유저로 남아야 하고요. 분석이 재미있고 많은 사람들에게 즐거움을 줄 수 있는 새로운 게임에 대한 아이디어가 샘솟는다면, 적극적으로 도전해 보라고 권하고 싶어요. 블로그 등 자기의 생각과 지식을 표현할 수 있는 도구들이 많으니까 자신의 가능성과 미래에 대해 고민하고 발전시켜 보세요.

1. 디지털 영상처리 전문가란?

디지털 영상처리 전문가는 컴퓨터의 영상편집 툴을 이용하여 영상 이미지의 다양한 특수 효과를 연출하는 사람으로, 영상을 처리하는 기술을 개발하는 사람이다. 영상처리는 사진, 그림 등을 디지털화하여 컴퓨터에서 처리하는 기술로서 많은 영역에서 활용되고 있다. 활용 영역은 방송에서의 영상처리뿐만 아니라 얼굴 인식을 통하여 고객의 현금을 지급하는 현금지급기 시스템, 얼굴을 보면서 통화하는 화상 전화, 의료영상 분야, 생체인식 및 보안 분야, 증강현실분야, 3D TV 분야, 반도체 분야 등에 널리 응용되고 있다.

일반적으로 디지털 영상처리 전문가는 물체에 대한 영상을 컴퓨터의 영상편집 툴을 이용하여 디지털화된 이미지나 동영상 데이터로 처리하며 각종 알고리즘을 이용하여 3D영상처리 등 다양한 특수 효과를 연출해 낸다.

2. 디지털 영상처리 전문가가 하는 일

　디지털 영상처리 전문가의 업무는 영상을 목적
에 맞게 개선하는 영상조작(Image Manipulation),
글자나 그림, 영상 등을 분석하는 영상분석(Image Analysis), 물체를 모습 그대로 인
식하는 영상인식(Scene Analysis), 손상된 영상을 제대로 복구해 주는 영상복원(Image
Restoration), 영상을 저장하거나 압축하여 위성이나 케이블, 네트워크 등으로 전송하
는 영상통신(Image Transmission) 분야 등으로 다양하다. 디지털 영상처리 전문가가
일하는 과정은 다음과 같다.

　먼저 카메라, 스캐너 등의 영상 획득 장치를 통해 디지털 이미지(지문, 홍채, 망막 등)
를 획득하는데 여기에는 인터넷에서 얻은 그림 파일도 포함된다. 획득된 디지털
영상은 영상 교정 작업(대비도 개선, 잡음 제거, 흔들림 보정, 문자정보 분리 등)을
통해 개선한다. 영상 교정 작업 후, 입력 영상 중에서 필요한 것과 필요하지
않은 것을 구분하여 추출할 수 있도록 영상 분할을 한다. 분할된 영상
데이터를 컴퓨터에서 처리하기 적당한 형태로 바꾸고, 분석을 위
해 윤곽선, 영역을 표현한다. 분석이 끝난 영상은 압축하거나 저
장하여 전송하게 된다.

3. 디지털 영상처리 전문가가 되는 방법

디지털 영상처리 전문가가 되기 위해서는 대학에서 컴퓨터소프트웨어, 시각디자인, 영상디자인, 전산, 정보처리 등을 전공하면 유리하다. 연구 개발 업무를 하는 기업의 연구소에서는 대학원 이상의 학력을 요구하기도 한다. 비전공자의 경우에도 소프트웨어 개발에 흥미를 공부하면 취업할 수 있다.

관련 자격은 멀티미디어 콘텐츠 제작 전문가 등이 있다. 이들은 로봇, 의료, 보안 및 서비스 분야, 컴퓨터 애플리케이션, 방송통신 분야 등 다양한 분야로 취업이 가능하다. 증강현실이나 광학적 영상, 원격탐사 등에도 디지털 처리기술이 활용되고 있어 이와 관련된 업체에서 근무할 수 있다. 취업 후에는 일반적으로 실무 경력에 따라 바로 현업에 투입되나 보통 신입의 경우 2~3개월 정도 수습 기간을 갖기도 한다.

특히 컴퓨터 알고리즘을 잘 이해하여야 하며 소프트웨어를 통한 영상의 분석, 설계 등에 관한 이론적 지식이 필요하다. 꼼꼼한 성격에 디자인에 대한 기본적 소양을 갖추면 더욱 좋다.

4. 디지털 영상처리 전문가의 직업적 전망

한국직업정보시스템(KNOW)에서 보고한 디지털 영상처리 전문가의 평균 임금은 3,452만 원이다. 앞으로 디지털 영상처리 전문가의 고용은 증가할 것으로 전망된다. 스마트폰의 확대 보급에 따라 멀티미디어 데이터(영상)를 전송하고 처리하는 영상통신 분야가 급속히 성장하였고, 이에 따라 고도의 디지털 영상처리 기술을 보유한 전문 인력에 대한 수요가 늘고 있기 때문이다.

또한 보안 분야에서 지문인식 시스템이나 홍채, 얼굴 인식 시스템 등이 상용화되어 활용되고 있다. 요즘 들어 지능화된 금융사고가 빈번하게 증가하고 테러의 위협 등을 우려하는 목소리가 높아져 이러한 보안시스템을 중심으로 한 디지털 영상처리 수요가 증가하고 있다. 또한 인공위성에서 목표물을 포착하여 위성 영상정보를 데이터베이스화하여 체계적으로 지원하는 지리정보 시스템, 종이로 된 문서를 디지털화하는 정보처리 기술, 현실 세계에 정보나 가상현실을 합성함으로써 각종 편의를 제공하는 기술인 증강현실 등으로 활동 영역이 확대되고 있다.

06
웹 디자이너

1. 웹 디자이너란?

IT의 발달로 나타나게 된 직업인 웹 디자이너는 사용자가 쉽고 편하게 접근할 수 있는 환경을 웹 사이트상에 시각적으로 구현한다. 기획된 스토리보드에 따라 문자, 그림, 동영상, 음성 등을 이용해 웹 사이트 화면을 서로 어울리고 보기 좋게 꾸미는 것이다.

인터넷 홈페이지뿐만 아니라 모바일 시장의 발달과 더불어 비주얼커뮤니케이션의 중요성이 커지면서 세상은 점차 그들에게 많은 역량을 요구하고 있다. 이들은 마케팅, 온라인 금융거래, 상거래 등 다양한 영역에서 활동하고 있다. 웹 디자인의 업무는 크게 디자인 고유 업무와 코딩으로 나누어지고, 디자인 영역도 홈페이지 디자인, 유저 인터페이스 디자인, 아이콘 디자인 등으로 세분되기도 한다.

2. 웹 디자이너가 하는 일

웹 디자이너는 일하기 전에 디자인의 목적과 사용자의 요구를 충분히 이해하고 이를 웹상에서 구현할 수 있어야 한다. 그러자면 사용자가 쉽게 접근할 수 있는 환경을 만들고 사용자의 요구를 사전에 파악해야 한다.

웹 사이트의 그래픽 사용자 인터페이스(GUI, Graphic User Interface)를 설계하며, 전체적인 이미지, 내비게이션 체계를 설계하는 업무를 한다. 전체 구조를 결정하고, 웹 사이트에 필요한 레이아웃, 이미지, 사이즈, 동영상, 애니메이션, 텍스트, 서체 등을 디자인하고, 디자인에 관련된 사항을 결정하는 일을 한다. 디자인 형식은 웹 사이트의 형태에 따라 달라지며, 그래픽 프로그램은 물론 인터넷 프로그램 언어인 HTML, Action Script 등을 응용하여 작업한다.

홈페이지를 구축하는 과정은 기획 → 디자인 → 개발의 단계를 통해서 이루어진다. 웹 마스터나 웹 프로그래머가 기획한 스토리보드의 구성과 컨셉에 따라 디자이너의 역할이 시작된다. 즉 중간 디자인 역할이 웹 디자이너의 몫이 된다. 해당 프로젝트 컨셉 도출에서 이루어진 키워드와 컨셉에 의해 톤 앤 매너를 결정하여 페이지 디자인 작업을 시작한다. 따라서 컨셉에 대한 이해도가 높아야 하며 컨셉을 디자인으로 풀어낼 수 있어야 한다. 브랜드가 말하고자 하는 이야기를 비주얼로써 단순화시켜야 한다는 이야기다. 홈페이지의 구조에 대한 이해가 높으면 디자인 작업의 이야기가 조금 쉬워질 것이다. 메뉴와 서브 메뉴를 위계적으로 설정한 후 시각적으로 레이아웃한다.

또한, 주요 화면을 주기적으로 갱신하며, 웹 사이트의 성격에 맞는 정보나 상품 등을 효과적으로 많은 사용자가 방문하도록 하기 위해 고민한다.

실무에서 무엇을 더 많이 하게 되느냐에 따라 크게 두 가지 타입으로 구분할 수 있다. 취업 후 자신에게 맞는 포지션을 찾아 이직 준비를 하기도 한다.

❶ 그래픽 전문 웹 디자이너: 디자인 시안이나 요소 작업을 집중적으로 하는 그래픽 비중이 높아 미술적 소양이 풍부하고 스케치/드로잉 실력이 있을 시 적합하다. 드로잉, 일러스트, 캘리그래피, 타이포그래피 등의 디자인 요소들을 활용하여 예술적 · 감각적 웹 시안 제작을 주요로 하게 된다.

❷ 퍼블리싱 전문 웹 디자이너: 디자인 작업도 하지만 퍼블리싱이나 기타 웹 구현 인터렉션 작업 비중이 높다. 디자인 능력 이외에 웹 코딩 능력이 필요하다. 직접 디자인한 시안을 바탕으로 웹 사이트 코딩도 가능하기 때문에 1인 고용으로 두 가지 효과를 보고 싶어 하는 기업에서 매우 선호한다. 디자인 단계에서부터 웹 최적화와 완성도를 고민하고 시작하게 된다는 의미이다. 제작한 웹 사이트 기능은 원활하지만 고객에게 어필할 수 있는 아이덴티티 요소들이 부족할 수 있다.

3. 웹 디자이너가 되는 방법

웹 디자이너가 되려면 대학에서 디자인, 멀티미디어, 컴퓨터그래픽 관련 학과를 전공하면 유리하다. 이런 학과를 전공하지 않았어도 웹 디자인, 게임 디자인, 컴퓨터그래픽 전문 교육기관에서 훈련을 받아도 취업이 가능하다. 취업 시에는 본인이 직접 디자인한 작품에 대한 포트폴리오를 준비하고, 항상 최신의 상태로 업데이트해야 한다.

관련 자격으로는 컴퓨터그래픽스 운용기능사, 웹 디자인 기능사, 시각디자인 기사, 게임그래픽 전문가, 컬러리스트 기사 등이 있다. 일러스트레이션의 활용 능력을 평가하는 디자인 전문자격시험인 GTQI(Graphic Technology Qualification–Illustration)와 컴퓨터그래픽 디자인 능력을 평가하는 국가공인자격 시험인 GTQ(Graphic Technology Qualification)이 있다. 포토샵 프로그램을 활용하여 평가한다.

웹 사이트 개발업체, 웹 에이전시, SI 업체, 전문 디자인업체, 게임개발업체 등에 취

업한다. 이들은 활동하는 동안 경력
과 실력을 쌓아 웹 광고기획자, 웹
마스터, 웹 콘텐츠기획자 등으로 전
직할 수도 있다. 또한 전문 분야를
특화하거나 실력을 인정받을 수 있
는 공모전 수상 등 남다른 준비가 필
요하다.

　웹 디자이너는 디자인과 예술적 지식이 필요하여 포토샵, 일러스트레이터, 플래시, 드림위버, 웹3D, 어도비 프리미어 등과 같은 도구들을 능숙히 활용할 줄 알아야 한다. 그러나 단순히 디자인 지식과 창의성만을 겸비해서는 효율적인 작업을 할 수 없다. 사이트에 IT 기술을 접목시키기 위해서는 반드시 많은 기술적 지식을 가지고 있어야 한다. 그 밖에도 꾸준히 웹의 경향과 대중문화 등에 관심을 가지고 이를 파악하는 노력을 해야 한다.

4. 웹 디자이너의 직업적 전망

　2016년 기준 연봉은 평균 3,766만 원이다. 일자리 전망도 밝은 편이다. 모바일 시장의 급속한 발전은 고품질의 멀티미디어 디자인에 대한 기대 수요를 높이고 있다. 또한 사이트 구축이 완료되었더라도 고객이 새로운 프로그램 구축이나 리뉴얼을 요구할 경우 프로그램에 맞는 디자인에 대한 수요가 발생하기 때문에 관련 인력에 대한 수요 역시 증가하고 있다.

　다만 웹사이트 제작 프로그램이 간편해지면서 일반인도 쉽게 제작할 수 있게 되었다는 점과 포털 사이트의 블로그를 활용한 웹 사이트 대체 현상이 생겨난 점은 웹 디자이너의 고용에 부정적인 영향을 미칠 것으로 보인다.

　그러나 인터넷 산업이 무너지지 않는 이상, 웹 디자이너는 앞으로도 변화하는 시장에 맞춰 끊임없이 발맞춰 나아갈 것이다. 자동화와 인공지능이 발전할수록 디자인 영역은 더욱더 가치를 인정받을 것이다. 단순하게 웹 페이지, 웹 사이트 디자인에만 국한되지 않고 쇼핑몰 디자인, UI UX 디자인, 앱 개발 분야 등 다양한 분야로 영역을 넓혀 능력을 발휘해야 하는 경우도 증가하고 있다.

ICT

07

응용 소프트웨어 개발자

1. 응용 소프트웨어 개발자란?

최근 스마트폰 보급이 대중화되면서 이동 중에 업무를 보는 모바일 오피스, 휴대폰으로 콘텐츠를 실시간으로 주고받는 SNS 등이 확산되고 있다. 우리가 이런 편리함을 누리는 것은 응용 소프트웨어(Application Software) 덕분이다.

응용 소프트웨어는 사무와 기업관리, 과학계산, 게임 오락, 교육 등의 특정 용도에 사용할 수 있는 프로그램이다. 일반 사무용에는 워드프로세서, 스프레드시트, 데이터베이스관리 프로그램 등이 있으며, 기업 관리용에는 인사관리, 회계 관리 프로그램이 있다. 산업용에는 산업의 현장에서 활용되는 CAD/CAM, 각종 설비기기의 제어 및 모니터링에 관련된 프로그램이 있다. 그리고 학습프로그램이나 게임프로그램도 응용 소프트웨어에 속한다. 이것들은 패키지 형태의 제품으로 만들어지거나 업체의 특정 업무에 따라 주문 제작되기도 한다.

이러한 프로그램을 만드는 사람을 응용 소프트웨어 개발자라고 한다. 응용 소프트웨어 개발자는 웹 페이지를 프로그래밍하는 웹 개발자나 모바일 게임 등을 개발하는 모바일 게임 프로그래머와는 달리 분류한다.

2. 응용 소프트웨어 개발자가 하는 일

응용 소프트웨어 개발자는 각종 응용 분야의 컴퓨터 소프트웨어를 설계하고 개발하는 일을 한다. 응용 소프트웨어 개발자가 하는 일을 따라가 보면 다음과 같다.

먼저 기존에 출시된 응용 소프트웨어에 대한 시장 조사를 하고, 이어 소프트웨어의 용도 파악, 고객의 요구 수렴 등을 거쳐 개발 범위와 목표를 설정한 후 전체적인 개발 계획, 인원 계획, 자원 조달 계획 등을 세운다.

이후 응용 소프트웨어 개발을 위한 설계 작업을 수행하는데 프로그램 언어, 개발방법론 등을 결정하고 정보 보호의 방법과 계획을 설정한다.

C, C++, JAVA 등의 프로그래밍 언어와 4세대 언어로 불리는 4GL(파워빌더, 델파이, 비주얼 베이직 등), 비주얼스튜디오 등의 개발 툴을 이용하여 베타버전을 만든다. 종합 프로그램일 경우 단위 프로그램들을 모아서 하나의 프로그램으로 통합시킨다. 만들어진 응용 소프트웨어는 시험 과정을 통해 기능 및 성능을 종합적으로 테스트하고 오류를 수정하여 완제품으로 출시한다. 완제품 출시 이후에도 이용자의 의견을 수집하여 다

음 버전의 소프트웨어 개발에 반영한다. 이 외에도 산업의 발전 등을 확인하고 정보 기술의 발전 동향과 추세를 분석하여 향후 프로그램 개발 시 반영한다.

최근에는 응용 프로그램이 웹상에서 구현되고 있기 때문에 웹프로그래머와 영역이 명확하게 구분되지 않는다. 응용 소프트웨어 프로그램만 전문으로 작성하는 사람을 응용 소프트웨어 프로그래머라고 하며, 응용 소프트웨어 프로그래머로 경력이 쌓이면 응용 소프트웨어 프로그램을 설계, 분석 그리고 개발할 수 있다.

3. 응용 소프트웨어 개발자가 되는 방법

응용 소프트웨어 개발자가 되기 위해서는 대학에서 컴퓨터공학, 전산(공학) 등의 관련 학과를 전공하는 것이 유리하다. 최근에 대학에서는 소프트웨어와 관련한 별도의 학과들이 개설되고 있다. 비전공자는 사설 교육기관에서 프로그래밍 언어 등을 배우고 진출할 수 있다.

관련 자격증으로는 정보관리기술사, 정보처리기사, 정보처리산업기사, 전자계산기조직응용기술사, 전자계산기조직응용기사, 전자계산기조직응용산업기사, 정보기술산업기사 등이 있다.

SI(시스템 통합) 업체, 소프트웨어 개발업체, 일반 기업체 등에서 근무하며 시스템 소프트웨어 프로그래머나 임베디드 프로그래머 등으로 진출한다. 처음에는 단순 작업인 코더(coder)부터 시작하여 개발 업무를 담당하게 되고, 이후 경력이 쌓이면 파트리더(PL, Part Leader)나 프로젝트 매니저(PM)가 될 수 있다. 또한 경력을 쌓은 후 시스템 소프트웨어 개발자나 IT 컨설턴트로 진출하기도 한다.

응용 소프트웨어 기술자에게는 응용 소프트웨어의 분석, 설계, 구현, 테스트 등에 관한 이론적 지식과 실무 경험이 필요하다. Java나 C++ 같은 프로그래밍 언어를 잘 활용할 수 있어야 하며 개발한 응용 소프트웨어의 문제점을 찾아내고 수정하기 위해서 꼼꼼한 성격과 집중력이 요구된다. 지속적으로 발전하는 새로운 제품을 개발하는 것에 흥미를 갖는 사람에게 적합하다.

4. 응용 소프트웨어 개발자의 직업적 전망

소규모 벤처회사에 근무하는 경우, 근무 분위기가 자유롭고 일하는 시간을 자신이 조절할 수 있는 경우도 많다. 그러나 소프트웨어 개발 과정에서 오류를 찾아내고 수정하기 위해 며칠 밤을 새울 때는 상당한 정신적·육체적 스트레스를 받는다. 그렇지만 오류를 찾아내 수정하는 작업에서 희열을 느끼는 사람도 있고 자신이 만든 소프트웨어가 많은 사람들에게 사용되는 것에 자부심을 갖기도 한다. 업무 특성상 개발을 의뢰한 기업체에 상주하면서 프로그램 개발을 수행하기도 하므로 취업할 때는 이를 고려하여야 한다. 연봉은 2016년 기준 평균 3,943만 원이다.

응용 소프트웨어 개발자의 일자리 전망은 매우 밝은 편이다. 2016년 정보통신산업진흥원의 「글로벌 상용 SW 백서」에 따르면, 응용 소프트웨어 국내시장의 매출액은 2015년 약 18조 8,499억 원에서 2019년 약 29조 4,831억 원 규모로 56.4%% 성장할 것으로 전망된다.

2016년 한국고용정보원의 「중장기 인력수급 수정전망 2015~2025」에 따르면, 응용 소프트웨어 개발자는 2015년 약 15만 5,000명에서 2025년 약 20만 2,000명으로 향후 10년간 약 4만 7,100명(연평균 2.7%) 증가할 것으로 전망된다.

최근 모바일 오피스, 사회관계망서비스(SNS) 등이 확산되고 있고, 현재는 비즈니스용이나 보안용, 게임용, 사무용 소프트웨어 등에 대한 요구 수준이 매우 높아져 응용 소프트웨어 개발자에 대한 고용 규모와 인력 수요가 지속적으로 커질 것이다. 그러나 고급 기술자는 고도의 지적 수준을 필요로 하고 단기간에 양성되지 못하는 특성이 있기 때문에 인력 수요의 증가에 비해 인력 공급이 부족할 것이다.

무엇보다도 소비자들이 실용성, 편리성을 추구하고 있어 새로운 기술에 의한 다양한 응용 프로그램의 요구가 많아 소프트웨어 개발 및 연구 인력이 증가할 것이다.

08

네트워크 엔지니어

1. 네트워크 엔지니어란?

파일이나 데이터, 프로그램 등의 소프트웨어와 하드웨어를 원활하게 공유하기 위해서는 적절한 네트워크 시스템이 필요하다. 따라서 이러한 네트워크 시스템을 개인이나 기업의 환경에 맞게 구축하는 일은 매우 중요한데, 이런 일을 전문적으로 하는 사람을 네트워크 엔지니어 또는 네트워크 시스템 분석가 및 개발자라고 한다.

네트워크 엔지니어는 전산망 관련 네트워크 시스템을 분석하고 설계하여 시스템을 구축하는 일을 한다. 적절하게 서버를 배치하는 등 네트워크 전반의 개발과 운영을 책임지는 역할을 한다.

2. 네트워크 엔지니어가 하는 일

네트워크 엔지니어는 LAN(구내 정보통신망), WAN(광역 통신망), 인터넷, 인트라넷 등과 같은 네트워크 시스템에 대해 보안을 고려하여 네트워크 시스템을 기획, 설계, 개발한다. 이 외에도 구축된 네트워크 시스템이 정상적으로 운영되도록 시험하는 업무를 하기도 한다. 네트워크 엔지니어의 업무를 자세히 살펴보면 다음과 같다.

먼저 네트워크 시스템 구축을 의뢰한 고객(기업)의 요구 사항과 업무의 특성을 분석한다. 고객이 보유하고 있는 통신장비, 회선의 용량 등을 파악하여 최적으로 설계하기 위함이다. 기능 분석을 토대로 안정성과 편리성, 경제성, 기능성, 확장성, 변경 가능성, 관리 용이성에 입각하여 구조를 설계한다. 구성 요소에 대한 세부적 사양을 설정하고, 네트워크 관련 시스템에 대한 조사 분석과 벤치마킹 과정을 통해 활용 가능성을 평가하고 검증한다.

설계에 필요한 장비와 관련 소프트웨어를 생산 업체에 주문한다. 주문한 장비와 소프트웨어가 들어오면 단위 시스템에 대한 인터페이스와 설치 과정을 통해 시스템의 기능과 성능을 시험, 확인하고 결과를 평가한다. 단위 시스템의 시험이 완료되면 전체적으로 네트워크 시스템과 컴퓨터 시스템들을 통합 연동하여 종합적으로 시험, 평가하고 분석한다.

그다음 실제 운영에 대비한 네트워크 시스템의 운영 관리 체계를 정립한다. 구축된 네트워크 시스템에 대해서는 일정 동안의 실제 운영 데이터에 대한 분석 평가를 바탕으로 시스템의 조정 과정을 거쳐 기능과 성능을 향상한다.

이후 네트워크 시스템이 고장 나면 네트워크 관리자와 함께 원인을 파악하고, 신속한 복구 대책을 강구한다. 네트워크 시스템에 관한 보안 정책을 수립하고, 네트워크를 통한 해킹을 방지하기 위한 기술적, 관리적 보안을 이행한다.

3. 네트워크 엔지니어가 되는 방법

네트워크 엔지니어가 되기 위해서는 대학에서 컴퓨터공학, 전자공학, 통신공학 등 전자 및 컴퓨터 관련 분야를 전공하는 것이 유리하다. 대학에서는 네트워크 시스템의 기획·설계·개발 등 종합적인 지식을 배우게 된다. 또한, 기업에서 필수적으로 요구되지는 않으나 취업 시 우대되는 네트워크 관리사 등 정보통신 관련 자격증을 취득하면 도움이 된다.

네트워크, 하드웨어, 소프트웨어, 프로그래밍, 프로토콜 등에 대한 충분한 이해가 필요하기 때문에 관련 분야에서 몇 년간의 경험과 훈련을 거친 후에 진출하는 경우가 대부분이다.

시간이 날 때마다 네트워크의 기술 동향 및 추세를 지속적해서 조사 분석하여, 정보 기술의 변화에 대비한 미래의 네트워크 구조를 발전시켜 나가야 한다. 또한 네트워크상에서 서비스될 수 있는 각종 응용 분야의 효과적 접목을 위한 연구 개발을 수행한다.

4. 네트워크 엔지니어의 직업적 전망

연봉은 2016년 기준 평균 3,701만 원이다. 네트워크 엔지니어의 향후 일자리 전망은 밝은 편이다. 2016년 한국고용정보원의 「중장기 인력수급 수정전망 2015~2025」에 따르면, 네트워크 시스템 개발자는 2015년 약 1만명에서 2025년 약 1만 3,000명으로 향후 10년간 약 2,800명(연평균 2.4%) 증가할 것으로 전망된다.

최근 네트워크의 수요 증대, 유무선 네트워크 통합, 모바일 이용, 무선 네트워크 증가, 홈 네트워크의 확대, 클라우드 컴퓨팅 시스템의 확대 등으로 네트워크 시스템에 대한 연구와 개발에 투자가 늘고 있어 향후 이 분야에 대한 전문 인력 수요는 지속될 것으로 전망된다.

최근 스마트폰 데이터 통신 사용률의 증가, 전자상거래 증가는 데이터 통신에 중요한 네트워크 시스템을 다루는 전문 인력 수요에도 긍정적인 영향을 미치고 있다. 기가 와이파이 인증이 적용된 제품의 공급이 확대되면서 이용 효율성을 극대화할 수 있는 보다 작은 셀 단위 네트워크와 관련된 기술을 보유한 인력이 더욱 필요해질 것이다.

다만 서버 장비의 고성능화로 인하여 네트워크 시스템 구축과 관리에 많은 인력이 필요하지 않을 것으로 보여 전반적으로 인력 수요는 다소 증가하는 수준이 될 것이다.

네트워크 엔지니어

장기석

Q 네트워크 엔지니어란 어떤 일을 하는 직업인 가요?

네트워크란 자동차가 달릴 수 있는 길과 같은 것입니다. 좀 느린 국도 같은 네트워크도 있고 요. 아주 빠르게 갈 수 있는 고속도로와 같은 LTE도 있지요.

PC 사용자(Client)가 인터넷 홈페이지(Server)에 접속하면 전기적인 요청 신호(Packet)를 목적지 홈페이지로 보내고 응답을 받아 PC 화면에 콘텐츠가 뜨게 되는데요. 그 전달 경로가 바로 '네트워크'인 것입니다. 네트워크 엔지니어는 이 네트워크가 원활히 돌아갈 수 있도록 네트워크 관련 하드웨어와 소프트웨어에 관한 시스템을 분석, 설계하고 구축하는 일을 합니다. 또 네트워크가 고장이 났을 때는 원인을 파악하여 신속하게 복구시켜 놓아야 하지요. 그래서 네트워크 엔지니어는 일단 네트워크 관련 하드웨어에 대해 해박한 지식을 갖고 있어야 합니다.

하드웨어를 만드는 회사는 CISCO, F5 등 아주 많습니다. 우리 회사(오픈 베이스)는 F5의 장비를 사용해 네트워크를 구축하기 때문에, 우리 회사 엔지니어들은 F5의 장비에 대해 열심히 공부해서 기술을 익혀야 합니다. 네트워크의 기술 범위는 OSI layer 1에서 7까지로 분류되는데요. 숫자가 올라갈수록 어렵고 복잡

합니다. 네트워크 엔지니어는 공부를 많이 해야 하는 직업인 거죠. 하지만 어렵기 때문에, 공부를 많이 할수록 독보적인 전문가로 성장할 수 있습니다. 무한한 가능성을 가진 직업이라고 할 수 있습니다.

Q 실력이 뛰어난 네트워크 엔지니어는 어떤 방향으로 성장할 수 있나요?

네트워크에 폭넓은 지식과 경력이 쌓였다면, 네트워크 장비들의 포지션을 설계는 PM(프로젝트 매니저)으로 성장할 수도 있고요. 네트워크 장비를

주위의 시선보다는 **본인의 적성에 맞는지부터 판단**해 보고, 공부해 보기를 적극 권하고 싶습니다.

장기석

생산하는 외국의 대형 기업으로 스카우트될 수도 있습니다. 대형 외국계 회사들은 연봉도 높고 근무 환경이 좋지요. 또 네트워크를 관리해 주던 큰 기업의 전산 인프라 관리자로 스카우트될 수도 있어요. 여러 사람을 만나는 것을 좋아하는 외향적 성격이라면, 그동안 쌓아온 지식을 바탕으로 한 영업 매니저로도 전향할 수 있습니다. 자기 실력만 잘 다져놓으면 정말 뻗어나갈 수 있는 길이 많은 직업입니다.

현재 맡은 업무는 어떤 것인지요?

네트워크 장비 중 Layer 7 기반의 ADC Switch 제품(벤더 F5)의 기술엔지니어/팀장직을 맡고 있습니다.

이 직업을 갖기 위해서 어떤 자격증 같은 것이 필요할까요?

정보처리기사 자격증이 있는 분들도 많지만 꼭 필요한 것은 아닙니다. 오히려 장비 생산회사(벤더)에서 주관하는 자격증을 따면 업계에서 인정을 받습니다. 저도 F5에서 취득한 자격증을 보유하고 있습니다. 미국 회사니까 시험지는 영어로 되어 있고 난이도가 높아서 F5를 다루는 우리 회사 20여 명의 직원 중 7명만 이 자격증을 취득한 상태입니다.

그래서 자격증은 취직 후에 회사 방침에 따라 그 회사에서 사용하는 장비 생산회사의 자격증을 취득하는 것이 일반적이라고 할 수 있습니다. 만약 미리 준비하고 싶다면, 번역 교재가 가장 많은 CISCO 장비에 대한 공부를 미리 해 두면 좋을 것 같아요. 가장 많이 쓰이는 장비이기도 하고, 관련 자료도 비교적 구하기 쉬워서 꼭 학원에 등록하지 않더라도 혼자서도 공부할

수 있을 거예요. 각 회사의 장비는 명령어만 조금씩 다르고 맥락은 비슷하므로, 한 장비만 제대로 공부하면 다른 회사 장비도 쉽게 마스터할 수 있습니다.

그리고 많이 쓰이는 네트워크 장비들 대부분이 수입 제품(CISCO, F5 등)이므로 영어를 공부해 놓으면 아주 유용합니다. 기계가 고장이 났다거나, 기계 관련해서 정보를 얻어야 할 때 영어를 쓸 수밖에 없기 때문에 영어 공부는 필수입니다.

그러면 아무래도 전공은 컴퓨터공학을 하는 것이 좋겠지요?

그렇지 않습니다. 저는 컴퓨터 공학을 전공하긴 했습니다만, 우리 회사에도 컴퓨터 전공자가 아닌 분들도 많습니다. 컴퓨터 전공을 했든 안 했든 신입사원은 6개월 정도는 교육을 받아야 업무를 시작할 수 있습니다. 그래서 컴퓨터에 대해 아무것도 모르는 직원을 뽑기도 합니다. 가능성을 보는 거죠. 인성이 좋고 일에 대해 적극적인 태도를 보이는 사람, 끈질긴 근성이 있는 사람을 뽑습니다. 실제로 그런 직원들은 6개월의 교육이 끝난 후에 전공자들에 비해 전혀 뒤처지지 않습니다.

그리고 제가 대학교에 다니던 시절엔 전산학과에서 네트워크 실무에 필요한 전문 교육을 해 주는 곳은 없었습니다. 지금의 대학교 교육은 어떻게 변화되었는지는 잘 모르겠습니다만, 무슨 전공을 했느냐보다 중요한 것은, 일할 마음의 준비가 되어 있느냐는 것입니다. 전문 학원을 이수했다는데 면접 때 물어보면 대답을 제대로 못 하는 지원자들이 있어요. 제대로 배우질 않은 거죠. 그럴 바에는 차라리 영어가 되어 있고, 일을 해 보고 싶다는 의욕을 보이는 지원자가 낫죠.

141
08 네트워크 엔지니어

Q 그렇다면 대학에서 배운 건 전혀 쓸모가 없는 걸까요?

꼭 그렇다고 할 수도 없어요. 대학에서는 일반적으로 컴퓨터 언어를 배웁니다. 네트워크의 개념도 배우지만 각 회사의 네트워크 장비들 하나하나에 대한 기술을 다 배울 순 없죠. 그러니까 큰 뼈대만 배우는 거예요. 그런데 이렇게 컴퓨터 언어를 배운 사람은 나중에 LAYER 3에서 4로 지식을 확장시킬 때 훨씬 수월하게 이해합니다. 대학에서 헛된 시간을 보내는 것은 아니란 뜻이지요. 결국은 어디에서 무엇을 공부했다는 것보다 얼마나 자기 것으로 만들었느냐,

그 시간 동안 얼마나 알차게 배웠느냐가 중요한 것 같아요.

Q 어떤 계기로 네트워크 엔지니어가 되셨나요?

고등학교 다닐 때 컴퓨터를 좋아하게 됐어요. 그때는 게임 프로그래머가 되고 싶었죠. 수능 공부는 안 하고 친구랑 코딩을 어떻게 해야 할지 토의하면서 시간을 보냈지요. 저는 관심 없는 과목까지 다 공부하는 것이 너무 싫었어요. 그래서 컴퓨터를 좋아하는 친구들과 수능 공부할 시간에 현장에서 바로 쓸 수 있는 것을 배우는 것이 낫지 않겠냐는 얘길 많이 했어요.

그러다 지방대 컴퓨터공학과로 진학했고, 철탑 위에 올라가 기지국을 설치하는 아르바이트를 하면서 공부를 했어요. 관심 분야를 공부하니까 고등학교 때랑 달리 공부가 재미있더라고요. 그런데 절대 안 잊어 버릴 것 같았는데, 군대 다녀오니까 명령어 같은 것이 하나도 기억이 안 나는 거예요. 처음부터 다시 시작해야 하겠다 싶었고, 이왕 시작하는 거 다른 걸 한번 시도해 보기로 했습니다. 그래서 IT 전문 학원에 등록해 공부하고 이쪽으로 취직을 하게 된 거죠.

물론 학원 몇 개월 다니고 처음부터 좋은 회사에 들어갈 수는 없습니다. 규모도 작고, 힘든 일이 많은 회사였지만 그 일을 열심히 했더니 거래 회사에서 스카우트 제의가 와서 더 좋은 회사로, 또 더 좋은 회사로 옮기게 된 거죠. IT 업계도 생각보다 좁아서 입소문이 크게 작용합니다.

Q 이 직업은 가능성이 많다고 말씀하셨는데 그럼 단점은 어떤 것이 있을까요?

사실 네트워크 엔지니어는 국내에서 3D 직종으로 정평이 나 있어요. 그래서인지 이 분야를 지원하는 사람들이 많지 않습니다. 왜 힘든 직업이냐 하면, 사람들이 쉴 때 제일 바빠요. 예를 들어 네이버에 우리 회사가 제공한 장비가 고장이 났다 하면 그게 몇 시가 됐든 바로 달려가야 하잖아요. 어디가, 왜, 문제를 일으켰는지 원인 분석이 제대로 나와야 하고요. 또

그걸 제대로 고쳐야 하는데 인터넷 서비스는 24시간 풀가동하잖아요. 그러니까 사용자가 제일 적을 때, 즉 새벽에 작업할 수밖에 없는 거죠.

만약 회사가 규모가 있어서 엔지니어가 10명 정도 된다면 순환 근무를 할 수 있겠지만, 엔지니어가 두 명 있는 중소기업이라면 계속 야근을 해야 할 경우도 허다합니다. 우리나라는 아직 초과 근무나 야근 수당이 정확히 지켜지지 않는 회사들도 많기 때문에 힘들면서 제대로 대접은 못 받는 직업이라고 소문이 난 것 같아요. 그래서인지, 청년 실업률이 높다 하는데, 저희 쪽은 채용 공고를 내도 지원자가 많지 않습니다.

그런 것을 보면 참 안타까워요. 젊은이들이 직업을 구할 때 가장 먼저 보는 것이 편하고 안정적인가 하는 부분이라고 하잖아요. 그냥 쉬운 일을 찾기보다는 자기가 좋아하는 일, 정말 열정을 쏟을 수 있는 일을 찾아봤으면 좋겠어요. 처음 시작할 때 연봉이 얼마인지 보다는 앞으로 어떤 가능성이 있는지 길게 봐야 한다고 생각합니다.

고등학교 다닐 때 공부에 충실하지 않았던 것에 대해 후회는 없나요?

크게 후회될 때가 두 번 있었는데 첫 번째는 이직할 때였어요. 제가 전문대를 나왔는데, 좀 큰 회사로 가려고 하니까 그게 벽이 되더라고요. 그리고 영어 공부 안 한 것이 가장 후회됩니다. 지금도 영어 공부를 하는 중이에요. 만약 제가 좀 더 영어에 능숙했다면, 더 좋은 조건의 일자리도 구할 수 있었을 것이고, 또 더 쉽게, 능률적으로 전문 지식을 확장할 수도 있었을 것 같아요.

청소년들에게 추천하고 싶은 직업인가요?

물론입니다. 주위를 둘러보면, 기업들이 제공하는 금융결제 서비스, 통신사가 제공하는 인터넷 서비스, 인터넷 방송, 인터넷 쇼핑, 네이버 같은 검색 포털 서비스, 증권, 대중교통 시스템, 온라인 게임 시스템 등등 현재의 일상생활 속에서 네트워크란 IT 문화에 없어서는 안 될 중요한 존재가 되어 있습니다. 네트워크 업무에 종사하게 되면, 내가 맡고 있는 네트워크가 많은 사람들에게 꼭 필요하고, 내가 그 도움을 주는 핵심 인물이라는 사실에 가슴 뿌듯함을 느끼게 될 것입니다.

아무나 할 수 없는 어려운 프로젝트 수행이나 네트워크 장애를 해결하거나 새로운 기술, 새로운 장비를 마스터해 나간다는 것은 마치 게임 속에서 보스를 클리어하고 엔딩을 보는 것과 같은 즐거움을 맛보게 해 줄 것입니다. 네트워크 엔지니어란 직종에 관심을 두셨다면, 주위의 시선보다는 본인의 적성에 맞는지부터 판단해 보고, 공부해 보기를 적극적으로 권하고 싶습니다.

09

컴퓨터 시스템 감리전문가

1. 컴퓨터 시스템 감리전문가란?

네트워크 엔지니어에 의해 컴퓨터 시스템이 구축되면 이러한 시스템이 잘 구축되었는지, 또 문제는 없는지를 판단하는 사람이 필요하다. 컴퓨터 시스템 감리전문가는 컴퓨터 시스템의 평가와 품질 관리를 하는 사람으로, 감리 발주자 및 피 감리인의 이해관계로부터 독립된 위치에서 정보 시스템의 효율성 향상과 안전성 확보를 위하여 정보 시스템의 구축 및 운영 등에 관한 사항을 종합적으로 점검하고, 문제점을 개선하도록 조언 및 권고한다.

2. 컴퓨터 시스템 감리전문가가 하는 일

컴퓨터 시스템 감리전문가는 착수, 중간, 최종의 단계별로 감리를 하게 되며 사후관리를 포함하여 운영 시스템을 감리한다. 그래서 시스템 구축에 따른 위험 요소를 사전에 최소화하고, 정보 시스템 운영의 효과성, 효율성 및 안전성의 향상을 위해 제반 사항을 객관적으로 평가하고 판단하는 일을 한다. 감리는 기획 과정, 개발 과정, 품질 보증 과정, 프로젝트 관리, 운영, 평가 등에 관련된 일반 감리와 응용 프로그램, 데이터베이스, 시스템, 네트워크, 소프트웨어 및 하드웨어 등에 관련된 기술 감리 분야로 나뉜다. 컴퓨터 시스템 감리전문가가 하는 일을 자세히 살펴보면 다음과 같다.

먼저 정보 기술의 구조를 파악하고 시스템의 설계 원칙과 사양에 근거하여 정보 시스템이 구축, 이행되었는지를 평가한다. 또한 조직의 정보 기술 및 비즈니스 시스템이 적절히 통제, 모니터, 평가되고 있는가를 확인하기 위해 정보 시스템 감리를 수행한다. 그리고 정보 시스템 부서의 관리, 계획, 조직을 위한 전략, 정책, 기준, 절차와 관련 실무 등을 평가한다.

정보 시스템의 구체적인 평가 분야는 조직의 IT 인프라 보안 대책 및 실무, 비의도적

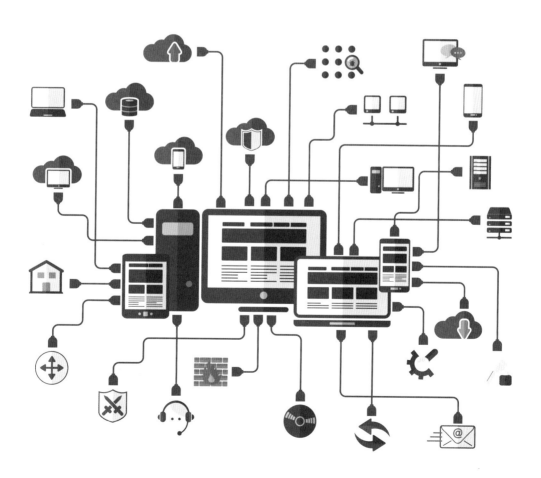

인 영업 중단 사고 발생 시 계획의 수립, 비즈니스 응용 시스템의 개발 및 획득, 유지 보수 활동을 위한 조직의 방법론과 절차, 위험에 대한 관리 시스템과 절차 등이 있다. 또한, 시스템 소프트웨어 및 유틸리티, 네트워크 인프라 등의 개발·획득, 설치 및 유지 보수 등을 평가하는 일을 한다. 부가적으로 정보 시스템의 평가 및 분석 자료를 기업에게 피드백하고 정보 기술의 변화를 지속해서 감지, 파악하여 감리 및 평가 방법을 개선해 나가기도 한다.

조직의 전반적인 정보 시스템을 구축하고, 운영 및 관리를 위한 제반 요소를 평가하며, 분석 자료를 조직 운영진에 피드백하고, 미비한 부분에 대해서 보완하도록 제안한다. 최근의 정보 기술의 변화를 지속적으로 파악하여 전산 관련 감리 및 평가 방법을 연구, 개발한다.

참고로 감리를 실시하는 동안에 발주 의뢰한 회사 등에 상주하는 경우와 비상주하는 경우가 있는데, 상주하는 경우 발주기관을 대신해서 사업 전반에 걸쳐 관리한다. 대형 사업인 경우 대개 상주 감리를 한다.

3. 컴퓨터 시스템 감리전문가가 되는 방법

컴퓨터 시스템 감리전문가가 되기 위해서는 대학에서 정보·통신공학과, 정보보안·보호학과, 컴퓨터공학과 등 전산계통 관련 전공을 하거나, 관련 자격을 취득하면 유리하다.

관련 자격증으로는 국가기술자격으로 정보관리기술사, 전자계산기기술사, 전자계산기기사, 정보처리기사 등이 있다. 한국전산원에서는 정보 통신 분야의 고급 기술자 이상의 자격을 갖춘 지원자를 선발하여 2주간의 감리 이론 교육 및 개인별 1주간의 감리 실무 교육을 실시한 후 정보

시스템 감리 관련 전문가로 구성된 컴퓨터 시스템 감리전문가 평가위원회의 심사를 거쳐 최종적으로 국가공인 컴퓨터 시스템 감리전문가 자격증을 수여하고 있다.

해외의 정보 시스템 감사통제협회(ISACA)에서 시행하는 국제공인 정보 시스템 감사사(CISA) 자격증도 있다. 이 자격증은 미국, 일본, 유럽 등에서 국제적으로 널리 인정되는 국제 공인자격이다.

감리 업무를 하기 위해서는 컴퓨터와 전자공학에 관한 지식을 기본으로, 보안, 데이터베이스, 모바일 등에 지식과 경험이 필요하다. 최근의 기술 동향과 산업 동향에 대해서도 관심을 가지고 있어야 한다.

4. 컴퓨터 시스템 감리전문가의 직업적 전망

컴퓨터 시스템 감리전문가를 포함한 컴퓨터 시스템 설계 및 분석가의 종사자 수는 2015년 기준 6,826명이다.

컴퓨터 시스템 감리전문가의 전망은 밝은 편이다. 정부, 민간 기업, 금융 기관 등 범국가적 차원에서 시스템 구축이 증가하고 있어 이에 따라 컴퓨터 시스템 감리의 역할이 중요해졌다. 특히 산업 환경이 글로벌 네트워크화되어 정보 보안과 정보 관리 문제가 대두하면서 더욱 그러하다.

정부에서는 시스템 구현 시 클라우드 컴퓨팅 등을 통한 국가정보자원 운영 효율화, 사이버공격 대응을 위한 PC 해킹 차단시스템 구축 등을 반영한 시스템이 되도록 시스템 감리를 강화하고 있다.

정보 시스템의 감리는 주로 법적으로 규제되고 있는 공공 부문에서 많이 이루어질 것으로 보이며, 이에 따라 전자정부 지원 사업과 국민생활 정보화 사업 분야 등의 시스템 통합(SI) 부분에서 매출과 인력 수요가 늘어날 것으로 전망된다.

한눈에 보는 ICT 기업의 마인드 맵

기획
회사의 비전과 경영 및 정보화 전략을 수립하고 각 사업·조직별 사업성을 검토하고 이에 대한 조정 역할을 하는 업무

지식경영
지식 관리 체계와 시스템을 제공하고 전략적 핵심 지식을 발굴·창출하며 이를 활용하는 일을 기획·운영하는 업무

총무
기업 활동과 관련된 재산 관리, 차량 관리, 주총·주식 관리, 법규·규정 관리, 문서 관리, 행사·의전, 임원비서, 안전 환경 관리, 일반 서무, 비상 계획을 수립하고 추진하는 업무

구매
SCM의 구축, 구매수행, 공급업체 관리, 공급시장·기술·제품·외주·가격에 대한 정보 관리, 업체와의 협상·교섭을 통한 외부 자원의 경쟁력을 확보하는 업무

재무
재무적인 정보를 제공함으로써 의사결정을 지원하는 업무로 재무 리스크 및 경영 리스크를 관리하는 업무

법무
프로젝트, 투자, 기업경영 등 기업활동 전반에 법률·경영 리스크를 사전에 예방하고 소송, 분쟁 등 사후관리를 통해 경영이익에 기여하는 업무

인사
사업 전략에 따른 효율적 인적 자원 관리와 경영 성과 제고를 위해 인사 기획, 인력 운영, 인재 양성, 인사 지원 체계를 수립하고 운영하는 업무

감사
투명한 기업 활동을 위한 사내 건전한 기업 문화 조성과 조직 관련 인적 자원 및 비용 지출에 대한 감사 활동을 수행하는 업무

홍보
대외 홍보전략 수립, 홍보활동과 사내 커뮤니케이션 활성화를 통해 전사 경영활동을 지원하는 업무

경영 지원

솔루션 개발
솔루션에 기술 및 시장 동향에 대한 이해를 바탕으로 새로운 서비스 모델을 개발, 관련 시스템을 구축하고 컨설팅하는 업무

연구 기획
중기 기술 전략과 기술 확보 전략을 수립하고 R&D 수행에 필요한 프로세스와 심의와 전사 회의체를 운영해 필요한 기술 및 특허를 관리하는 업무

R&D

연구 개발
신기술이 반영된 제품 및 서비스를 비즈니스로 연결하고, 경영 및 기술 전략과 함께 시장의 트렌드를 바탕으로 중장기적인 기술 확보 전략을 수립하는 업무

ICT

영업
경영 전략에 부합한 신규 사업을 발굴하고, 목표를 수립하며 이를 위해 최적의 자원을 활용해 영업활동을 수행하는 업무

사업 개발

컨설팅

마케팅
국내외 시장 발굴, 서비스 라인별 가격, 영업 채널 전략 등 마케팅 전략 및 실행 과제를 수립하고, 이에 대한 영업 및 실행 조직의 업무를 지원 및 관리하는 업무

상품 기획·관리
상품의 기획 및 개발·운영의 상품 모든 수명주기 걸쳐 상품의 경쟁력을 확보하고 지속적으로 관리하는 업무

프로세스 컨설팅
고객사의 Value Chain을 정의해 현재 업무 프로세스에서 개선해야 할 대상을 찾아내고 이에 대한 방안을 수립하는 업무

전략 컨설팅
프로세스, 정보 기술, ICT 솔루션에 대한 경험 및 지식을 바탕으로 경영 전략, 업무 프로세스, ICT 서비스 등 고객의 비즈니스 이슈에 대한 해결 방안을 제시하고 자문하는 업무

사업 기획
고객 및 시장 분석을 통해 신규 사업을 발굴하고 사업을 수행하기 위한 기반을 마련하는 업무

ICT 컨설팅
정보 시스템 분야의 다양한 지식과 기술을 바탕으로 정보 시스템 구축과 관련한 방향과 체계를 제시하고 자문하는 업무

솔루션 컨설팅
고객사의 비즈니스 환경 및 기술 현황에 대한 조사 자료를 토대로 적절한 솔루션의 선택, 제언, 기획 및 구현을 수행하는 업무

품질

품질 기획
고객 및 제품 정의를 통해 품질 목표를 설정하고 제도 및 자원을 활용해 제품·서비스의 품질을 보증, 개선하는 업무

품질 기술
제품 및 서비스의 품질 특성에 기반해 품질 목표 및 실현 방법을 설계하고 계획에 따라 검증, 확인을 수행해 품질을 보증하는 업무

UX 컨설팅
사용자 및 고객의 니즈와 사업 목표를 이해해 비즈니스 가치 향상을 위한 디자인 전략, 기획·설계, 시각화 작업을 진행하며 최적의 사용자 만족을 이끌어 내는 업무

PJT 사업 관리
프로젝트 범위, 시간, 비용, 품질에 대한 수행 계획을 수립하고 이에 따라 내·외부 자원을 조달하는 등 프로젝트 진행을 통제·관리하는 업무

Facility 관리
데이터센터 핵심 기반 시설(건축, 전기, 기계, 소방, 통신, IBS)의 설계, 구축 및 운영에 대한 전략과 계획을 수립하고 시행해 센터의 기반 시설을 최적화시키는 업무

DB 관리
데이터베이스의 설치, 구성 및 업그레이드를 수행하고 데이터 용량 및 백업, 패치 등의 관리와 DB 보안, 성능 튜닝, 장애 시 복구 등의 DB 운영을 하는 업무

견적 관리
사업 유형별 신뢰할 수 있는 프로젝트 원가 수립을 목적으로 Historical Data 기반의 견적 시뮬레이션을 통한 최적 원가를 산출해 사업수주 의사결정을 이끌어내는 업무

서버 관리
IT 서비스 제공을 위한 서버 인프라의 설계, 도입, 구축, 운영 및 개선 계획을 수립하고 시행해 시스템의 가용성과 효율성을 향상시키는 업무

인프라

네트워크 관리
통신 서비스에 대한 Pre-Sales 기술 지원 및 제안을 통해 서비스를 확대하고 유무선 통신 기술로 포괄적인 Technical Account Managing 역할을 수행하는 업무

PJT 관리

비즈니스 아키텍처
비즈니스 모델 이해, 업무 프로세스, 기능, 데이터 구조에 대한 이해를 바탕으로 고객 선도를 통해 신규 사업을 창출하고 비즈니스 아키텍처 모델을 제안하는 업무

테크니컬 아키텍처
기술적 표준을 제공하고 ICT Infrastructure 구성요소를 통합해 기술 아키텍처를 제안, 분석, 설계, 구현, 안정화·최적화하며 효율적인 ICT 운영·관리가 되도록 기술적·관리 방안을 수립하고 운영하는 업무

데이터 아키텍처
데이터 요건 분석, 데이터 아키텍처 설계 원칙과 표준 제시, 통합 데이터 모델링을 리딩하고, 해당 사업 전체 데이터를 통합적인 관점에서 체계적으로 구축해 최적의 데이터베이스 품질이 유지될 수 있도록 하는 업무

아키텍처

인프라 아키텍처
인프라 아키텍처를 기획, 구축, 운영 및 유지 관리하며 표준 운영 프로세스(ITSM)에 따라 시스템의 가용성 증대, 안정성·효율성 향상을 리딩하는 업무

기업

소프트웨어 아키텍처
SW 개발 전략을 수립하고 SW 구성 요소와 각 요소 간 관계를 설계해 프로젝트원들이 공통된 비전으로 애플리케이션을 구축할 수 있도록 하는 업무

네트워크 관리
통신 서비스에 대한 Pre-Sales 기술 지원 및 제안을 통해 서비스를 확대하고 유무선 통신기술로 포괄적인 Technical Account Managing 역할을 수행하는 업무

임베디드 SW 개발
제품 내장형 SW 및 제품 연동형(서비스형) SW 분야에서 제품 SW 설계, 개발 및 관리, 감독·품질 검사 및 Test 자동화 구축, 인프라 구축 및 유지, 지원하는 업무

정보 보호
각종 정보 침해와 정보 자산의 유출 사고로부터 정보 자산을 보호하며 고객사의 ICT 보안 현황이 요구되는 보안 솔루션의 선택, 제언, 기획 및 구현을 수행하는 업무

애플리케이션 개발
시스템 분석 결과와 정의된 SW 아키텍처에 따라 모델링 기법을 활용해 SW를 설계하고 개발·테스트·통합하는 업무

ICT 개발·운영

애플리케이션 운영
고객사 업무 시스템의 안정적 서비스 제공을 위해 시스템 성능 및 기능 개선을 위한 프로그램 개발 및 변경을 수행하는 업무

ISE(Industry Solution Expert)
고객의 요구를 분석해 시스템화를 지원하며, 고객이 요구하는 프로젝트에 대한 범위, 계획, 산출물을 정의해 프로젝트가 원활히 수행될 수 있도록 하는 업무

교육 서비스
고객의 니즈에 맞춘 최적의 교육 과정을 개발, 운영함으로써 인적 자원 개발 전략 파트너로서의 역할을 지원하고 체계화하는 업무

ICT 시스템 분석
고객의 기능 및 비기능적 요구 사항을 정의하고 상세화해 최적으로 구축될 시스템의 요구 명세로 작성하고, 시스템의 품질을 체계적으로 보증하는 업무

ICTO 기술 기획
중장기 비전 및 기술 전략을 수립하고 고객 ICT 전략 수립 지원, ICTO 계약구조 및 대가체계 관리, 기술지원 프로세스 및 기술역량 관리를 수행하는 업무

ICT 서비스 분석
시스템을 안정적으로 운영하기 위해 고객으로부터 접수된 요구 사항을 분석·설계해(상세화) 시스템화하는 업무

응용통신·서비스 개발
유무선 통신망 인프라를 기반으로 ICT 기술을 응용해 제공되는 서비스를 고객에게 제공하는 업무

ICT

도움 받을 수 있는 곳

1. 국가 기관

· **방송통신위원회**　　http://www.kcc.go.kr/user.do
방송위원회 방송 정책 및 규제, 정보통신부 통신 서비스 정책 및 규제 총괄, 대통령 직속 기구이다.

· **중앙전파관리소**　　http://www.crms.go.kr
전파 감시 활동 및 설비 조사 단속, 감시 통계, 올바른 전파 이용 안내, 민원 서비스를 제공한다.

· **한국정보통신진흥협회**　　http://www.kait.or.kr
명의 도용 방지, 분실폰 관리, ICT 통계, 정보 통신 자격, 방송통신 이용자 보호, 정보 통신 건물 인증에 대한 정보를 얻을 수 있다.

· **한국정보화진흥원**　　http://www.nia.or.kr
정보진흥원 소개, 공공 기관 정보통신망 관리, 운영 지원 등 사업 안내 및 정보화 통계를 제공한다.

2. ICT 연구 기관

· **정보통신정책연구원**　　http://www.kisdi.re.kr
국무총리실 산하 정부출연 연구 기관으로, 온라인 여론조사, 정책, 칼럼, 연구 보고서를 수록하고 있다.

· **스트라베이스**　　http://www.strabase.com
정보 통신 리서치 및 컨설팅 전문업체로, 정보 분석, 조사,

자문 서비스 등 사업을 소개하고 있다.

· **디지털융합연구원**　　http://www.digital.re.kr
한양대학교 DBMC, 디지털 경영 전략 및 이론 개발, 센터 소식, 사업 진행 상황 등을 수록하고 있다.

· **애틀러스리서치그룹**　　http://www.arg.co.kr
정보통신 및 방송, 모바일 전문 리서치 및 컨설팅 기업. 정보 통신을 비롯한 여러 산업 분야의 동향을 조사하고 이를 분석한다.

· **과학기술정책연구원**　　http://www.stepi.re.kr
과학 기술 활동 및 과학 기술과 관련된 경제 사회의 제반 문제를 연구 분석함으로써 국가 과학 기술 정책의 수립과 과학 기술 발전에 이바지하기 위하여 설립된 정부 출연 연구 기관으로 국무총리실 산하의 기타 공공 기관이다.

· **KT경영연구소**　　http://digieco.co.kr
KT 경제 경영 연구소 운영, 연구 보고서, IT 동향, 포럼 등 정보를 제공한다.

· **K-ICT 빅데이터 센터**　　https://kbig.kr
빅데이터 기반 창조경제 지원, 국민 행복 실현을 목표로, 빅데이터 솔루션 및 응용서비스 개발 등 창업·사업화 지원하고, 실무 중심의 빅데이터 전문 인력 양성을 위한 교육 콘텐츠 개발 등 전문 인력을 양성하는 사업을 하고 있다.

3. ICT 동향 정보

- **코센21** http://www.kosen21.org
  1999년 한국과학기술정보연구원(KISTI)이 만든 곳으로, 세계 곳곳에서 활동하는 한인 과학 기술자의 인터넷 공동체(커뮤니티)에서 시작하여 연구 개발 아이디어와 정보를 공유하고, 연구 동향 및 최신 정보를 얻을 수 있으며, 2011년 말부터 모바일 접속 기능을 갖추고, 도움이 필요한 중소 기업과 과학 기술자를 연결해 주는 서비스를 시작했다.

- **ITfind** http://www.itfind.or.kr
  정보통신기술진흥센터(IITP) 정보 서비스팀에서 자체 개발한 국내 최대 규모의 ICT정보 종합 검색 시스템으로, 전문적이며 실제 연구, 산업 활동에 직접적으로 필요한 정보를 제공하고 있다. 정부 기관, 연구 기관 및 산업체에서 R&D, 경영 및 마케팅 전략 수립 등에 폭넓게 활용되고 있다.

- **S&T GPS** http://www.now.go.kr
  국내외 최신 과학 기술 정책 정보를 수집, 분석하여 서비스하는 지식 정보 제공의 장으로, 과학기술정보통신부와 한국과학기술기획평가원이 함께 운영하고 있다. 여러 정부 부처와 기업, 학계, 연구소 등의 지식 정보를 효과적으로 연결하여 국가 과학 기술 혁신 역량을 극대화하고자 한다.

- **IoT 기술지원센터** https://iot.nipa.kr
  사물인터넷 분야의 전문 기술기반을 보유하고, 벤처·중소 기업의 기술 경쟁력 강화와 신시장 창출을 위하여 IoT 개발 지원, 시험 분석 및 기술 상담 등 다양한 IoT 기술 지원 서비스를 지원하고 있다.

- **글로벌 ICT포털** http://www.conex.or.kr
  정보 통신 방송 해외 진출 지원 전략 및 기업 수요 조사 결과를 반영하여 선정한 전 세계 50여개 전략 국가에 대한 정보를 제공하고 있다. 또한 K-ICT 10대 기술 분류 체계에 디바이스를 포함한 총 11개 품목에 대한 시장 동향, 정기 이슈 리포트 등 개별 기업이 수집하기 어려운 다양한 정보를 제공함으로써 국내 기업들의 해외 진출을 실질적으로 지원하고 있다. 더불어, 수출 중소 기업의 애로사항 해소를 위한 해외 진출 상담 센터를 운영하여 분야별 전문가와의 온·오프라인 상담을 지원하고 있다.

- **정보 통신 용어 사전 | 한국정보통신기술협회**
  http://terms.tta.or.kr/main.do
  정보통신기술 발전과 타 분야와의 기술 융합에 따라 무수히 생성되는 정보 통신 용어를 해설하고 표준화하여, 전문가뿐만 아니라 비전문가들도 올바르게 활용할 수 있도록 정보 통신 용어 사전을 서비스하고 있다. PC 또는 스마트폰으로 웹에 직접 접속하시거나 모바일 앱 마켓에서 정보 통신 용어 사전 앱을 내려 받아 이용하실 수 있다. 또한 정보 통신 용어 사전을 발간하고 있다.

- **IT STAT(ICT 통계포털)** http://www.itstat.go.kr/home.it
  ICT 및 SW 분야 시계열 데이터, 통계 간행물, ICT 통계 뉴스 검색 및 주요 지표를 제공하고 있다.

- **한국데이터베이스 진흥원** https://www.kodb.or.kr
  데이터베이스 산업의 발전을 지원하기 위해 설립된 행정 및 기술 지원 연구 기관으로, 공공 데이터베이스의 개발과 보급, 공공 정보 민간 활용 촉진, 데이터베이스 품질 평가 체계 고도화, 데이터베이스 전문 인력 교육 등을 주로 한다.

• **한국전자통신연구원**   www.etri.re.kr
정보 · 통신 · 전자 분야의 연구개발을 하는 국내 최대의 정부 출연 연구 기관으로 지식경제부 산업기술연구회 소관이다. 정보 사회의 기반 구축을 위한 반도체, 통신, 컴퓨터 분야의 핵심 기술 연구 개발, 통신 기술 정책 수립 지원 및 기술 정보 수집 · 제공, 통신 방식에 대한 표준화 연구, 그리고 산업체에 대한 기술 전수 및 지원과 산업체와의 공동 개발 등을 하고 있다.

• **한국정보통신진흥협회**   www.kait.or.kr
방송통신발전기본법 제15조에 의해 설립된 미래창조과학부 산하 사단법인으로 회원의 협력과 유대 강화를 통해 방송통신 발전 및 공공 복리의 증진에 기여하고자 설립되었다. 방송통신 신용정보 관리, 정보통신 자격검정사업, 방송통신 기업 육성 및 이용자 보호, 정보 · 자료를 제공하고 있다.

• **한국전자정보통신산업진흥회**   www.gokea.org
전자 산업 육성을 위해 세워진 특수 법인으로, 한국의 전자 산업 진흥을 위한 업계의 의견 수렴 및 대정부 건의, 산업 기술 정보의 제공과 국제 협력, 기술 개발과 수출 지원, 표준화 등 공동 사업, 각종 전시회를 통한 홍보하고 있다.

• **한국정보통신기술협회**   www.tta.or.kr
정보 통신 산업과 기술 진흥, 국민 경제 발전을 목표로 설립된 정보 통신 표준 제정 기관으로, 정보 통신 관련 표준 제

정과 보급, 국내외 표준화 제도 기획 및 체계 분석, 국제표준화기구 협력 및 대응 활동 지원, 차세대 이동통신 분야 표준화 활동 및 검증 지원, 정보통신표준화 연구 과제 관리 및 조정, 정보통신 제품에 대한 시험 및 인증, ICT 국제표준 전문가 양성 육성 지원 및 표준화 전략 포럼 활동 지원, 종합 표준 정보 DB 구축 및 운영, 국제표준화 협력 및 정보 통신 용어 표준화 등을 수행한다.

• **한국콘텐츠진흥원**   www.kocca.kr
문화산업의 진흥 발전을 효율적으로 지원하기 위하여 한국방송영상산업진흥원 등 5개 관련 기관을 하나로 통합하여 2009년 5월 7일에 설립한 문화체육관광부 산하의 위탁집행형 준정부기관이다. 문화산업 진흥을 위한 정책 및 제도의 연구 · 조사 · 기획, 문화산업 실태 조사 및 통계 작성, 창의력의 근간인 인적 자원 확보를 위한 인력양성, 콘텐츠 기획부터 개발과 상품화 단계에 이르기까지 특화된 CT(Culture Technology) 개발 지원, 콘텐츠 산업을 수출 산업으로 성장시키기 위한 해외 진출 지원, 게임 역기능 해소 및 건전한 게임문화 조성, 이스포츠의 활성화 및 국제 교류 증진, 콘텐츠 이용자의 권익 보호 등의 사업을 수행한다.

• **한국게임개발자협회**   www.kgda.or.kr
한국게임개발자들의 권익 신장과 최신 정보 공유, 한국 게임 산업의 발전을 위해 설립된 단체이며, 보다 본격적인 게임 개발자들의 목소리를 대변할 수 있는 단체가 필요하다는 공감대 아래 2000년 협의회로 시작하여, 2003년 7월 1일 대한민국 문화체육관광부 산하로 허가받은 게임 개발자 중

심의 사단법인이다. 콘퍼런스 및 제작 정보 세미나의 개최, 온라인 커뮤니티 구축 및 제작 정보 관련 DB 구축, 온오프라인 게임 제작 관련 인프라 구축 활동, 연구 과제의 수행 등을 한다.

• **한국소프트웨어산업협회**   www.sw.or.kr
국내 소프트웨어 산업의 진흥을 위해 조직된 관련 기업인들의 모임으로, 소프트웨어의 수출 산업화, 소프트웨어 산업의 공동 입주 단지 조성, 지역 정보화 활성화, 소프트웨어 업계 간의 기술 제휴 사업 추진 등도 중점 사업으로 진행하고 있다.

• **한국인터넷진흥원**   www.kisa.or.kr
2009년 7월 23일 기존 한국정보보호진흥원, 한국인터넷진흥원, 정보통신국제협력진흥원이 통합되어 설립되었다. 인터넷 서비스 활성화, 해킹·바이러스 대응, 개인 정보 보호, 방송 통신 국제 협력 등을 위한 공공 기관이다.

• **지식정보보안산업협회**   www.kisia.or.kr
지식 정보 보안 산업의 건전한 발전 및 국가 산업 전반의 지식정보보안 수준의 제고를 위하여 지식 정보 보안 산업 사업 환경 조성 및 회원간 상호 협력을 도모함으로써 안전한 정보화 사회 및 국민 경제에 기여하기 위하여 설립된 특수법인이다. 사업 환경 조성을 위한 법 제도 개선 연구 및 건의, 인력 양성 지원, 현황 조사 및 통계 작성, 기술 동향 조사 및 신기술 보급 활동, 국제 협력 및 해외 진출 지원 등을 한다.

• **정보통신정책연구원**   www.kisdi.re.kr
국내외 정보화 및 정보 통신 분야의 정책·제도·산업 등에

관한 각종 정보를 수집·조사·연구하고 이를 보급, 활용하게 함으로써 정보 사회 구현을 위한 국가의 정보 통신 정책 수립과 국민경제 향상에 이바지하고자 설립한 정부 출연 연구기관으로, 정보화 및 정보 통신 분야의 각종 정보를 수집·조사·연구 및 보급을 중점으로 하고 있다.

• **한국정보화진흥원**   www.nia.or.kr
국가 기관 등의 국가 정보화 추진과 관련된 정책의 개발과 건강한 정보 문화 조성 및 정보 격차 해소 등을 지원하기 위하여 설립된 공공 기관으로, 2009년 5월 22일 한국정보사회진흥원과 한국정보문화진흥원을 통합하여 출범하였다. 정보화 기본 계획과 시행 계획의 수립·시행에 필요한 전문 기술의 지원, 정보 문화의 창달 및 인터넷 중독의 실태 조사·예방·해소 지원, 국가 기관 등의 정보통신망 관리 및 운영의 지원, 국가 기관 등의 정보 자원 관리 지원, 국가 기관 등의 정보화 사업 추진 및 평가 지원, 국가 기관 등의 정보 통신 신기술 활용 촉진과 이에 따른 전문 기술의 지원, 정보 격차 해소 관련 실태 조사, 정책 개발 및 제도개선 지원, 정보 격차의 해소를 위한 정보화 기기 지원 및 정보화 교육, 정보화 국제협력 및 홍보 등을 하고 있다.

• **정보시스템감리협회**   www.kaisa.or.kr
지속적인 연구와 세미나 개최, 개발자 및 발주자와 감리의 사례에 대한 검토회 개최, 감리 지침, 감리 영역, 감리 방법 등에 대한 연구와 제도적인 정책 제시, 전문가로서의 자질 향상을 위한 신기술 및 감리 방법 등에 대한 정보의 공유와 회원의 교육 등을 하고 있다.

I C T
관련 용어

• 보안 토큰 [Security Token]

물리적 보안 및 암호 연산 기능을 가진 칩을 내장하고 있어 해킹으로부터 공인인증서 유출을 방지하는 기능을 가진 안전성이 강화된 휴대용 공인인증서 저장 매체. 보안 토큰 내부에 프로세스 및 암호 연산 장치가 있어 전자서명 키 생성 및 검증 등도 가능하다. 내부에 저장된 비밀 정보는 장치 외부로 복사되거나 재생성되지 않는다. 보안 토큰을 이용하기 위해서는 제품별 구동 프로그램을 설치해야 하며, 보안 토큰 제조업체 웹 사이트 및 공인인증기관 홈페이지를 통해 구동 프로그램을 내려받을 수 있다.

• 부트키트 [BootKit]

개인용 컴퓨터(PC) 및 스마트 기기 등의 하드 디스크 부트 섹터를 감염시키는 악성코드의 일종. 부트 섹터는 컴퓨터 프로그램이 제일 먼저 실행되는 부분으로 이 부분이 부트 키트에 감염되면 정상적인 부팅 과정을 거치지 않고 부트디드에 의해 부팅을 하게 된다. 특히, 하드 디스크의 첫 번째 섹터에 있는 마스터 부트 레코드(MBR: Master Boot Record)가 감염될 경우, 시스템 파일 손상으로 악성코드의 진단, 치료가 어려울 수 있다. 치료 방법으로는 감염된 마스터 부트 레코드(MBR)의 특정 바이너리 영역과 부트키트 분석을 통해, 다른 섹터에 백업되어 있는 정상 마스터 부트 레코드(MBR)을 찾아 감염된 마스터 부트 레코드(MBR)에 덮어씌워서 치료한다.

• 사물 인터넷 [Internet of Things, IoT]

정보 통신 기술을 기반으로 실세계(physical world)와 가상 세계(virtual world)의 다양한 사물들을 연결하여 진보된 서비스를 제공하기 위한 서비스 기반 시설. 유비쿼터스 공간을 구현하기 위한 인프라 컴퓨팅 기기들이 환경과 사물에 심겨 환경이나 사물 그 자체가 지능화되는 것부터 사람과 사물, 사물과 사물 간에 지능 통신을 할 수 있는 엠투엠(M2M: Machine to Machine)의 개념을 인터넷으로 확장하여 사물은 물론, 현실과 가상 세계의 모든 정보와 상호 작용하는 개념으로 진화했다. 사물 인터넷의 주요 기술로는 센싱 기술, 유무선 통신 및 네트워크 인프라 기술, 사물 인터넷 인터페이스 기술, 사물 인터넷을 통한 서비스 기술 등이 있다.

• 소형셀 [Small Cell]

수백 미터(m) 정도의 운용 범위를 갖는 저전력 무선접속 기지국. 소형셀(small cell)은 단말기를 기지국에 가깝게 위치시켜 운용 범위(셀 크기)를 줄임으로써 통신 품질 저하 및 음영 지역 발생 등의 문제점들을 해결할 수 있다. 또한 단말기가 기지국과 가까이 위치하게 되어 단말기의 전력 소모를 줄일 수 있고, 설치비와 유지보수 비용이 기존 기지국에 비해 적게 드는 이점 등의 장점을 갖는다. 사용 범위 및 용도에 따라 메트로셀(metro cell), 마이크로셀(micro cell), 피코셀(pico cell), 펨토셀(femto cell)로 분류가 된다. 그리고 설치 지역 및 서비스 목적에 따라 가정(home), 기업(enterprise), 핫스팟(hotspot)으로 나뉠 수 있다.

• 엘티아-에이[Long Term Evolution-Advanced, LTE-A]

스리지피피(3GPP) 표준화 단체에서 제정한 4세대 이동 통신 규격. 2011년 3GPP(3rd Generation Partnership Project)에서 릴리즈(Release) 10 규격으로 표준화를 완료하여 2012년 국제전기동신연합 선파통신국(ITU-R: International Telecommunication Union Radiocommunication)의 아이엠티-어드밴스트(IMT-Advanced) 요구 사항을 만족하는 규격으로 인정받아 4세대 이동 통신 국제 표준으로 채택되었다.

3GPP Release 10 표준은 3세대 이동 통신인 아이엠티-2000(IMT-2000)보다 전송 속도, 주파수 이용 효율, 전송 지연 시간, 서비스 품질 등의 측면에서 성능을 대폭 개선한 규격으로 하향 1 기가비피에스(Gbps)의 최대 전송 속도, 상향 500 메가비피에스(Mbps)의 최대 전송 속도를 가진다. 한국에서는 2013년 이동 통신 3사(SK 텔레콤, LG U+, KT)가 상용화하였다.

한편 3GPP에서는 엘티아-에이(LTE-Advanced)의 성능을 개선하고 기능을 추가하기 위하여 2012년에 Release 11 규격을 완성하였다. 이 규격은 다지점 협력전송(CoMP: Coordinated Multi-Point Transmission/Reception), 반송파 묶음(CA: Carrier Aggregation), 향상된 인접 셀 간 간섭조정(eICIC: enhanced Inter Cell Interference Coordination) 등을 포함하고 있다. 3GPP 재난안전, 사물 통신 등의 표준도 계속 개발하고 있다.

• 신뢰 플랫폼 모듈 [Trusted Platform Module, TPM]

암호화된 키, 패스워드, 디지털 인증서 등을 저장하는 안전한 저장 공간을 제공하는 보안 모듈. 일반적으로 개인용 컴퓨터(PC) 주기판에 부착되며, 부팅 단계에서부터 시스템의 무결성 검증에 이용된다. 주요 데이터가 하드웨어에 저장되기 때문에 외부 소프트웨어 공격이나 물리적인 도난에 대해 더 안전하다. 하드웨어 기반의 난수(random number) 생성, 표준 알고리즘(SHA-1, RSA, HMAC 등) 제공, 안전한 키 생성 및 보관, 암호 처리를 위한 프로세서 및 정보 저장을 위한 플랫폼 구성 레지스터(PCR: Platform Configuration Register) 및 비휘발성 메모리 등으로 구성되어 있다. 이동용 신뢰 플랫폼 모듈(TPM)로 모바일 신뢰 보안 모듈(MTM: Mobile Trusted Module)이 있다.

• 실시간 전송 보안 프로토콜 [Secure Real-time Transport Protocol, SRTP]

인터넷에서 실시간으로 전송되는 멀티미디어 데이터를 암호화하여 송수신하는 프로토콜. 실시간 전송 프로토콜(RTP: Real-time Transport Protocol)의 암호화, 메시지 인증, 재전송 공격 방어 등의 정보 보호 서비스를 제공하기 위한 것이다.

• 개방형 공간 정보 컨소시엄 [Open Geospatial Consortium, OGC]
http://www.opengeospatial.org/

지리 공간 정보 데이터의 호환성과 기술 표준을 연구하고 제정하는 비영리 민관 참여 국제 기구. 개방형 공간 정보 컨소시엄(OGC)의 지리 공간 정보 표준은 북미와 유럽연합은 물론 대다수 정부 기관에서 국가 공간 정보 기반 시설(Spatial Data Infrastructure) 개발에 이미 활용하고 있거나 채택을 고려하고 있어 지리 공간 정보 산업계에 미치는 영향력이 매우 크다. OGC에는 구글(Google), 마이크로소프트(Microsoft), 에스리(ESRI), 오라클(Oracle) 등 지리 공간 정보 관련 글로벌 정보 기술(IT) 기업과 미국의 연방지리정보국(NGA), 항공우주국(NASA), 영국 지리원(OS), 프랑스 지리원(IGN) 등 각국 정부 기관, 시민단체 등 약 460여 개 기관이 회원으로 참여하고 있다.

• 데이터 다이어트 [Data Diet]

데이터를 삭제하는 것이 아니라 압축하고, 겹친 정보는 중복을 배제하고, 새로운 기준에 따라 나누어 저장하는 작업. 인터넷과 이동 통신 이용이 늘면서 각 기관, 기업의 데이터베이스에 쌓인 방대한 정보를 효율적으로 관리하는 방안으로, 같은 단어가 포함된 데이터들을 한 곳에 모아 두되 필요할 때 제대로 찾아내는 체계를 갖추는 것이 중요하다. 중복 데이터를 압축하고 제거해 주는 소프트웨어를 쓰면 저장량을 5분의 1로 줄일 수 있기 때문이다.

• 디지털 유산 [Digital Heritage]

죽은 사람이 남긴 디지털 콘텐츠로서, 미니홈피·블로그 등의 게시물·사진·동영상뿐만 아니라 온라인 게임에서 획득한 게임 아이템이나 사이버머니도 포함된다. 죽은 사람의 인터넷 홈페이지나 전자 우편 계정 등을 직계 가족이 상속할 권리가 있는지 법률적 판단 근거를 마련하는 일도 해결해야 할 문제다. 미국에선 아버지가 소송을 통해 죽은 아들의 전자 우편을 열어 볼 수 있게 된 사례가 있다. 죽은 사람이 게임용 아이템처럼 경제적 가치가 있는 데이터를 남겼을 경우에는 일반 자산처럼 상속인을 두고 법률에 따른 권리 여부를 가려야 하기 때문이다.

• 서버 팜 [Server Farm]

일련의 컴퓨터 서버와 운영 시설을 한 곳에 모아 놓은 곳. 서버 팜은 서비스 요구가 많은 경우 부하를 분산시킬 수 있으며, 임의 서버가 중단되더라도 다른 서버로 즉시 대체시켜 서비스를 원활하게 제공할 수 있다. 페이스북(Facebook)이 2013년 유럽 고객에게 안정적인 서비스를 제공하겠다며 스웨덴 북부 룰레아(Luleå) 지역에 서버 팜을 설치해 시선을 모았다.

• 서비스 수준 협약 [Service Level Agreement, SLA]

서비스 사업자와 서비스 사용자가 제공될 정보 서비스 및 그와 연관된 여러 조건들에 대한 서로의 책임과 의무 사항을 기술해 놓은 협약서. 서비스 사업자와 서비스 사용자 간 합의를 통하여 서비스 시간, 서비스 가용성, 성능, 복구 등 다양한 항목에 대해 최소한의 서비스를 제공하기로 사전에 협약을 맺는다. 만약 서비스 제공 수준이 주기적으로 혹은 일정 기간 사전에 합의된 수준에 미치지 못하는 경우 서비스 사업자는 벌과금을 받게 된다. 서비스 수준 협약(SLA)이 있으면 사용자는 서비스 사업자의 서비스 성능을 측정할 수 있는 지표를 가질 수 있게 됨으로써 서비스에 대한 막연한 기대감에서 벗어나 구체적인 성능을 기준으로 이용 환경을 평가할 수 있게 되는 장점이 있다. 서비스 수준 협약(SLA)은 서비스 수준 관리(SLM: Service Level Management) 절차를 통해 지속적으로 유지되고 관리된다.

• 식물 공장 [Plant Factory]

최첨단 고효율 에너지 기술을 결합해 실내에서 다양한 고부가 가치의 농산물을 대량 생산할 수 있는 스마트 농업. 빛, 온습도, 이산화탄소 농도 및 배양액 등의 환경을 인위적으로 조절해 농작물을 계획 생산하며, 계절, 장소 등과 관계없이 자동화를 통한 공장식 생산이 가능하다. 식물 공장은 실내에서 주로 발광 다이오드(LED)와 분무 장치로 식물을 재배하는 설비를 이용하는데, 전형적인 저탄소 녹색사업을 가능하게 하는 곳이다.

• 식스 스트라이크 제도 [Six Strikes System]
미국의 인터넷 저작권 침해 경보 체계. 콘텐츠 침해자를 찾아내 여섯 단계로 경고한다. 미국 주요 방송 통신 사업자와 인터넷 서비스 사업자들이 연합해 만들었으며, 피투피(P2P: Peer to Peer) 같은 개인 간 컴퓨팅 파일 공유 사이트에서 일어나는 콘텐츠 무단 복제 행위를 감시하고, 저작권 침해자를 계도하는 것이 목적이다. 경보를 여섯 번이나 울렸음에도 불구하고 콘텐츠 저작권과 관련된 위법 행위를 멈추지 않으면 인터넷 접속 속도를 늦추거나 일시적으로 인터넷 접속을 차단하기도 한다.

• 라이파이 [Light Fidelity, Li-Fi]
발광 다이오드(LED)에서 나오는 빛의 파장을 이용하여 정보를 전달하는 가시광 통신(VLC: Visible Light Communication) 기술의 보조 방식. 라이파이(Li-Fi)는 조명이 있는 곳이면 어디서나 사용할 수 있으며 인체에 무해하고 짧은 도달 거리, 저비용, 고속 통신, 안정성, 보안성 등 다양한 장점을 갖고 있으며 허가 불필요 대역으로 주파수 사용 대가가 무료다. 그러나 장애물이 있거나 어두운 곳에서는 통신할 수 없는 것이 기술적인 걸림돌이다.

• 라즈베리 파이 [Raspberry Pi]
www.raspberrypi.org

영국의 라즈베리 파이 재단이 학교에서 기초 컴퓨터 과학교육을 증진시키기 위해 만든 싱글 보드 컴퓨터. 손바닥만한 크기로 키보드와 모니터를 연결해 사용한다. 2012년 2개의 라즈베리 파이 모델이 출시되었는데, 모델 A는 25달러로 이더넷 포트가 없으며, 모델 B는 35달러로 2개의 USB와 이더넷 포트가 있다. 이 두 모델은 비교적 저렴하고 그래픽 성능이 뛰어난 장점이 있다. 모델 B의 하드웨어 품목은 512MB 메모리, 2개의 USB 포트, 음성 · 영상 입출력 단자, SD 카드 슬롯, 10/100MB 이더넷 포트로 구성되며, 크기는 85.60×53.98mm, 무게는 45g이다.

• 론처 [launcher]
스마트폰 바탕화면 따위를 꾸밀 때 쓰는 프로그램. 론처는 스마트폰으로 프로그램을 내려받아 초기 화면과 아이콘 배열 등을 사용자의 취향대로 설정할 수 있는 기능을 제공한다. 대표적인 프로그램으로는 네이버(NHN)의 '도돌런처', 페이스북(Facebook)의 '페이스북 홈', 카카오(KaKao)의 '카카오홈', 다음(Daum)의 '버즈런처' 등이 있다. 애플(Apple)은 아이폰에 론처 사용을 허용하지 않기 때문에 론처는 안드로이드폰에서만 쓸 수 있다.

• 모바일 보상 [Mobile Reward]
소비자가 스마트폰 등으로 특정 광고를 보거나 애플리케이션을 내려받으면 인터넷에서 쓰는 전자화폐 등으로 보상해주는 제도. 이용자로 하여금 애플리케이션을 직접 내려받게 하기 때문에 광고 노출 효과가 좋은 것으로 인식됐다. 스마트폰용 게임, 모바일 앱, 인터넷 포털, 이동 통신 사업 등에서 사용된다.

• 모바일 의료 [Mobile Medicine]
스마트폰을 비롯한 이동 통신 기기를 이용해 질병을 진단하거나 이를 돕는 의료 기기. 스마트폰의 보급이 늘어나고 사진기 성능이 좋아지면서 이동용 의료 기기가 늘어나는 추세다. 특히 기존 의료 기기보다 현저히 낮은 가격으로도 질병을 진단할 수 있어, 개발 도상국을 비롯한 의료 기반이 갖춰지지 않은 곳에서 활발히 사용할 수 있다.

• 무크 [Massive Open Online Course, MOOC]
웹 기반의 온라인 공개 강좌. 정규 교육의 보조 수단에 머물지 않고 수업과 시험 등의 교육 체계를 갖춘 대학 강좌를 가리킨다. 여러 사람에게 강좌를 널리(massive) 공개하기(open) 때문에 기존 대학 교육 체계를 크게 바꿀 태세다. 미국 유명대학이 앞서 시작했으며, 일본의 주요 대학도 2014년부터 인터넷으로 강좌를 제공했다. 한국에서도 이른바 케이무크(K(Korea)MOOC)가 추진된다.

• 엠디스크 [Millennial DISC, M-DISC]
한 번의 기록만으로 자료를 영구 보관할 수 있는 광 저장 장치. 엠디스크(M-DISC)는 디스크 표면의 무기물층에 레이저를 이용해 자료를 조각해서 기록한다. 기존의 염료층에 표시하는 방식과 전혀 다른 물리적으로 조각하는 방식 덕분에 시간이 가도 변하지 않는 금속활자처럼 빛, 열, 습기 등의 외부 요인에 영향을 받지 않는다. M-DISC는 미국의 밀레니어터(Millenniata)사에서 개발하였으며 디지털 비디오 디스크(DVD)와 블루레이 디스크(blue-ray disk)에 적용된다.

• 와이시비시아르 [YCbCr]

디지털 영상의 색 표현 방식. 와이(Y)는 휘도(luminance) 신호, 시비(Cb)와 시아르(Cr)는 색차(color difference) 신호를 의미한다. 색차 신호 중 시비(Cb)는 휘도와 청색 성분의 차를, 시아르(Cr)는 휘도와 적색 성분의 차를 말한다. 와이시비시아르(YCbCr) 방식을 사용하는 주된 목적은 흑백 텔레비전과의 호환성을 유지하고 압축 효율을 높이기 위해서다. 사람의 눈은 휘도에는 민감하지만 색차에는 덜 민감하다. 이를 이용하여 신호를 압축할 때 색차는 휘도보다 샘플링 주파수를 절반만 할당하여 압축 효율을 높이고 있다. 실제로 Y:Cb:Cr의 비율을 4:2:2로 할 경우 4:4:4보다 정보량은 2/3로 줄어든다.

• 음향 카메라 [Sound(acoustic) Camera]

물체에서 나는 소리와 울림을 시각적 화면으로 변환해 주는 카메라. 소리의 진동에 따라 생기는 파동의 배열 상태를 서로 다른 색으로 표현해 촬영한다. 열 감지 카메라가 온도의 분포를 색으로 표현하듯이 음향 카메라는 마이크로폰 배열을 이용해 측정한 소리의 분포를 색으로 표현해 소음원의 위치를 보여 준다. 자동차, 배, 가전제품 따위를 만들 때나 수리할 때 발생하는 소음의 위치를 찾아내는 분야에서 주로 사용된다.

• 이그조(IGZO) 패널 [Indium Gallium Zinc Oxide panel, IGZO panel]

인듐(In), 갈륨(Ga), 아연(Zn), 산화물(O)로 만든 디스플레이 재료. 1995년 일본 도쿄공업대학의 호소노 히데오 교수가 설계 방식을 주장했던 '투명 비결정(amorphous) 산화물 반도체'의 하나다. 2012년 샤프(sharp) 사가 사용권을 사용하며 같은 해 상표권을 등록해 주력 액정 표시장치(LCD) 패널로 삼았다. 기존 액정 표시장치는 사진을 표시할 때에도 정기적인 재충전이 필요해 여분의 전력이 소비됐지만, 이 산화물은 누전이 적어 재충전 횟수가 줄었다. 전력 소비량이 기존 제품의 5분의 1 수준이다.

• 이클립스 [eclipse]

공개 소프트웨어 기반의 범용 응용 소프트웨어를 위한 통합개발 플랫폼. 비영리 공개 소프트웨어 커뮤니티에 의해서 제공되는 개방형 개발 플랫폼으로서 확장 가능한 프레임워크, 툴, 실시간 소프트웨어 생성, 설치, 관리 등에 역점을 둔다. C/C++ 언어, 자바, 안드로이드 등 다양한 프로그래밍 언어를 지원하며 그래픽 기반의 도구생성 기능을 플러그인 형태로 제공한다. IBM 사가 공개한 웹스피어 스튜디오 애플리케이션 디벨로퍼(WebSpheare Studio Application Developer)의 엔진 부분에 기반을 두고 있으며 이클립스 재단에 의해 C/C++ 개발자용, 자바 개발자용, 웹 개발자용 등 다양한 버전으로 개발되어 배포된다.

• 저작권 인증제도 [Copyright Authentication System]

http://cras.copyright.or.kr

인증 기관이 저작물에 대한 권리 관계를 확인하고 인증서를 발급해 주는 제도. 해외 콘텐츠 시장에서 우리 저작물의 안전한 거래 및 경쟁력 강화에 도움이 되고자 2006년 저작권법에 도입되었다(저작권법 제2조 제33호). 저작권 인증은 저작물 등에 대한 권리자임을 확인하는 '권리 인증'과 저작물 등의 권리자로부터 이용 허락을 받았음을 확인하는 '이용 허락 인증'으로 나뉘며, 문화체육관광부로부터 인증 기관으로 지정된 한국저작권위원회가 2012년 2월부터 저작권 인증 업무를 수행하고 있다.

• 적층 가공 [Additive Manufacturing]

3차원 물체를 만들어 내기 위해 원료를 여러 층으로 쌓거나 결합시키는 입체(3D) 프린팅이 작동하는 방식으로 즉, 모든 입체(3D) 프린터는 컴퓨터의 지시에 따라 원료를 층(layer)으로 겹쳐 쌓아서 3차원의 물체를 만들어 내는 것이다. 고체의 열가소성 플라스틱, 금속 분말, 모래 등의 재료를 이용하며, 제품화 단계에서 금형을 제작하는 등 중간 과정이 전혀 필요 없고, 즉각적인 수정 작업이 가능해 제품의 개발 주기 및 비용의 효율성을 높여 준다. 적층가공(additive manufacturing)은 입체(3D) 프린팅을 일컫는데, 이는 기존의 제품은 재료를 자르거나 깎아서 생산하는 절삭 가공(subtractive manufacturing)인데 반해, 입체(3D) 프린팅은 재료를 층층이 쌓아 만들기 때문이다.

• 전역 변수 [Global Variable] [全域變數]

프로그램 내 모든 모듈들을 변수 선언의 유효한 영역으로 취하는 변수. 주어진 프로그램 어디에서나 접근이 가능한 변수다. 그러나 내부 블록에서 동일한 이름의 지역 변수를 선언하면, 그 이름이 가려져 접근이 제한되는 현상인 영역 구멍(hole-in-scope)이 발생될 수 있다.

• 정보 격차 [Digital Divide]

디지털 사회에서 정보 보유자와 미보유자 사이에서 발생하는 경제적, 사회적 불균형 현상. 컴퓨터, 유무선 인터넷, 스마트폰 등을 활용하여 정보에 접근하여 이용할 수 있는 사람들과 그렇지 않은 사람들 사이에서 발생하는 정보 보유 불균형으로 사회가 양분화되는 현상이 발생할 수 있다.

• 정적 변수 [Static Variable]

프로그램 번역 과정의 마지막 단계인 적재 시간에 기억 장소를 할당받는 변수. 전체 프로그램의 시작부터 종료까지를 생존 기간으로 하며 동일 기억 장소를 보유한다. 따라서 전역 변수들은 모두 정적 변수다. 함수 등 부프로그램에서 선언된 정적 변수는 그 부프로그램에 재 진입할 때 이전 기억 장소를 보유하고 있어서 그 변수의 이전 값들을 그대로 가지고 있다. 이는 일반적으로 동적 기억 장소 할당을 하는 지역 변수와 대조적이다.

• 조립형 스마트폰 [Modular Smartphone]

소비자가 직접 부품과 모듈을 조립해 만드는 스마트폰. 스마트폰의 애플리케이션 프로세서(AP: Applicatio Processor), 디스플레이, 키보드, 카메라, 주기억 장치(CPU), 배터리, 무선 인터넷 기능 등 다양한 구성 부품으로 조립할 수 있으며 부품별로 교체가 가능하다. 레고 블록처럼 원하는 조합을 선택할 수 있어 손수 짜기(DIY) 스마트폰이라고 불리기도 한다.

• 직관적 사용자 인터페이스 [Intuitive User Interface, IUI]

사용자가 해당 지침서나 도움말을 보지 않고도, 기존의 경험을 토대로 기능을 바로 사용할 수 있는 사용자 인터페이스를 말한다. 컴퓨터, 휴대 전화, 태블릿 PC 등 전자 기기뿐만 아니라 웹 사이트, 응용 프로그램에서 사용자가 해당 지침서나 도움말을 보지 않고도, 실세계의 경험이나 기존의 사용자 인터페이스(UI)를 통해서 얻은 경험을 바탕으로 해당 제품을 바로 사용할 수 있도록 한다. 예를 들어, 인터넷 브라우저 창을 닫기 위해 사용자는 직관적으로 창의 오른쪽 위의 'x' 버튼을 클릭한다.

• 촉각 인터페이스 [Haptic Interface]

사용자에게 촉각 정보를 전달하는 접속 장치. 시각, 청각과는 달리 피부 감각의 정보 표현 방법은 아직 체계화되고 표준화된 형태가 없지만 피부를 통한 자극의 전달 속도가 약 20밀리초(ms)로 시각에 비해 5배나 빠르고, 사람의 피부면적은 약 2제곱미터(㎡)로 신체 기관 중 가장 큰 조직

이므로 착용 컴퓨터 등 향후 인간과 컴퓨터가 밀접한 환경이 될 때 정보의 인지와 표현을 위한 필수 통신 채널로 여겨지고 있다.

• 더블유피시(WPC) [Wireless Power Consortium, WPC]

무선 충전 국제 표준화 단체. WPC는 2008년에 무선 충전의 단체 표준제정 및 프로모션 등을 위하여 설립된 단체로 전 세계 주요 전자 통신 기업은 물론 이동 통신 사업자 등이 참여하고 있다. 우리나라는 삼성과 LG 등이 참여하고 있다. 이 단체에서 개발한 브랜드명을 치(chee)라고 부르고 'Qi'로 표기한다.

• 큐에이치디 [Quad High Definition, QHD]

해상도 2,560×1,440 이상의 픽셀 수를 지원하는 디스플레이 규격. 기존 일반 고선명(HD)보다 약 4배, 풀(Full) HD 규격보다 약 2배 선명한 화질을 제공한다. 높아진 해상도만큼 더 많은 픽셀로 그래픽을 구현할 수 있어 더욱 선명하고 정확한 색상을 표현할 수 있다. 일반적으로 16:9 비율의 와이드스크린(widescreen)에 사용되어 WQHD(Wide Quad HD)라고도 불린다. 2014년부터 QHD를 적용한 스마트폰, 태블릿 PC가 등장했다.

• 표현 정보 [Presentation Information]

멀티미디어 재생 시점과 재생 영역을 갖고 있는 정보. 수신 측은 송신 측에서 보낸 멀티미디어를 서비스 표준별 또는 제조사별로 정해진 시점과 영역에 표시하지 않고, 표현 정보를 이용하여 송신 측이 지정한 시점과 영역에 정확히 재생시킬 수 있다. 표현 정보는 신호를 압축하여 재생할 때 영상과 음성이 일치하지 않는 현상을 해결하기 위하여 사용하는 정보이다.

• 소셜 스코어 [Social Score]

개인의 SNS(Social Network Service)를 포함한 온라인 활동과 다양한 주제에 대한 영향력을 평가해 숫자로 반영한 것. 소셜 스코어가 다루는 특정 주제는 다양하며, 인지도와 호감도 등을 평가해 매기기도 한다. 대상은 사람 혹은 기업, 제품일 수도 있다. 트위터, 페이스북을 포함해 블로그 등 노출되는 서비스의 콘텐츠, 포스트 개수와 '좋아요', '리트윗'과 답변 수와 빈도, 대응 시간 등을 포함한 타인의 반응을 종합 분석해서 얻을 수 있는 값이다.

• 소셜 화폐 [Social Currency]

각종 SNS(Social Network Service)에서 이뤄지는 글과 이미지, 동영상과 각종 참여 활동을 경제적으로 보상해 주기 위한 가상의 화폐. 이 가상의 화폐로 기획 행사 참여, 실물 거래와 판매 및 구매 활동을 할 수 있다. 단순히 SNS에서 브랜드 또는 광고를 노출하거나 공유·표출 활동을 유도하는 데서 한발 더 나아간 기업 마케팅에 활용되고 있다.

• 소프트웨어 융합 클러스터
[Software Convergence Cluster]

컴퓨터 소프트웨어와 일반 산업 간 융합을 촉진하기 위해 꾸린 산학 협력지구. 그 지역에 쌓인 일반 산업 기반에 소프트웨어 관련 기술과 사업 구상을 더해 새로운 기술·산업·시장·일자리를 일구는 것이 목표다. 산업계·대학·연구소가 빽빽하게 모여 소프트웨어 융합 연구를 활성화하는 형태를 추구한다. 소프트웨어 융합 연구 생태계를 꾸리려는 것이다. 2013년 대구가 첫 구역으로 뽑혔다. 2014년 7월 부산 센텀시티, 경기 판교, 인천 송도·제물포 지역이 추가됐다. 구역마다 매년 20억 원씩 5년간 국비 100억 원이 지원된다.

• 톈허 2호 [Tianhe-2, TH-2]

중국 국방과학기술대학이 개발하였으며, 초당 3경 3,862조 (33,862 teraflops) 회를 계산하는 중국 슈퍼컴퓨터. 매년 6월, 11월 발표되는 '세계 500대 슈퍼컴퓨터 명단(www.top500.org)'에서 2012년부터 2014년까지 3년 연속 세계에서 가장 계산 속도가 빠른 컴퓨터로 뽑혔다.

• 튜링 시험 [Turing Test]

기계의 지능이 인간처럼 독자적인 사고를 하거나, 의식을 갖고 있는지를 인간과의 대화를 통해 확인하는 시험법. 로봇을 비롯한 인공지능 연구 분야에서 기계의 독자적 사고 여부를 판별하는 주요 기준으로 널리 인정받고 있다. 이 시험법은 지난 1950년 영국의 수학자이자 암호 해독가인 알랜 튜링(Alan Turing)이 발표한 「Computing Machinery and Intelligence」란 논문에서 처음 소개됐다. 기계의 지능이 인간에 필적하는지를 판별하는 '튜링 시험'을 제대로 통과한 인공지능이 아직 드물다는 사실도 인공지능의 발전 현황을 잘 보여 준다고 할 수 있다. 인공지능은 파편처럼 널려 있는 작은 정보들을 스스로 빠르게 조합해서 의미 있는 정보를 추출할 수 있어야 하는데, 대량의 정보 저장을 위한 용량의 문제, 정보 처리의 속도 문제 등 해결할 문제가 산적해 있다.

• 컴퓨텍스 [COMPUTEX]
http://cras.copyright.or.kr

대만 타이베이(Taipei)에서 매년 열리는 아시아 최대 규모의 컴퓨터 관련 제품 전시행사. 컴퓨터 제조업체, 반도체와 저장장치 등 관련 부품과 액세서리 업체들이 대거 참가한다. 매년 6월경 개최되며 4~5일간 컴퓨터 신제품 발표회와 시연행사가 열린다. '컴퓨터 엑스포(Computer Expo)'의 줄임말이다.

• 케슬리 [Korean Electronic Site License Initiative, KESLI]
http://www.kesli.or.kr

한국과학기술정보연구원(KISTI)이 주관하는 우리나라 최대 전자정보 공동구매 플랫폼. 대학 도서관, 정부 출연 연구소, 기업체 등이 참가해 컨소시엄을 구성하여 전자정보를 공동 구매하고 정보를 이용할 수 있다. 급증하는 전자정보 중에 가치 있는 정보를 발굴하는 수단으로 주목받고 있다. 2013년 말 기준으로 4년제 대학 175개, 43개 정부 출연 연구소 등 605개 기관이 참가하였다. 또 컨소시엄에 참가한 기관의 연구자 총 213만 936명이 이를 기반으로 전자 보를 활용하고 있다.

• 코드커터족 [Cordcutters]

지상파와 케이블 등 기존 텔레비전 방송 서비스를 해지하고 인터넷 방송 서비스를 선택하는 소비자군. 어릴 때부터 인터넷으로 동영상을 보는 데 익숙하고, 방송 프로그램을 수동적으로 시청하는 데 싫증을 느낀 20~30대가 주류를 이룬다. 코드커터족은 이른바 '코드(cord)'로 연결된 채 수동적으로 시청해야 하는 체계를 싫어하는데다가 기존 텔레비전 서비스의 요금까지 비싸서 이들의 텔레비전 기피 현상이 확산되었다. 시청할 때 텔레비전 수상기 앞에서 꼼짝할 수 없는 텔레비전을 떠나, 코드커터족은 스마트폰, 태블릿 피시(PC) 등 인터넷이 가능한 모든 단말기로 자유롭게 방송을 시청하는 생활방식을 보인다.

• 코피스 [Coffice]

무료로 무선 인터넷 서비스를 제공하는 카페. '커피(coffee)'와 '사무실(office)'의 합성어로, 코피스에서 노트북, 스마트폰 등 전자 기기를 활용해 업무를 볼 수 있다. 코피스는 딱딱한 의자 대신 푹신한 소파, 충분한 콘센트, 미팅 룸 등의 환경을 서비스하는 반면 회사와 달리 물품 분실, 통신 보안 불안, 주변 소음 등의 단점이 있을 수 있다.

• 기준 영상

서비스 호환 방식의 입체 티브이(3DTV) 서비스에서 스테레오 스코픽 영상을 구성하는 2개 영상 중 기준이 되는 영상으로 스테레오 스코픽 영상을 지원하지 않는 디지털 텔레비전에서 재생되는 영상. 스테레오 스코픽 영상을 구성하는 다른 하나는 부가 영상으로 기준 영상에 추가로 사용된다.

• 깊이감 [Stereoscopic Depth]

입체(3D) 디스플레이에서 스크린으로부터 입체 상(像)이 맺히는 지점까지의 거리에 대한 지각

• 깊이 연속성 [Depth Continuity]

입체영상 장면의 전환에서 입체감이 유사한 정도로 변화하는 것. 입체영상 제작자는 시청자가 입체영상을 편안하게 시청할 수 있도록 장면들의 입체감을 유사하게 설정해야 한다.

• 뎁스 스크립트 [Depth Script]

입체영상 사전제작(pre-production) 단계에서 입체감을 해석하여 각 장면의 시간에 따른 깊이감 변화를 묘사한 것이다. 실사 촬영 시 공간과 화각, 그리고 그 안에 배치될 대상들의 위치, 움직이는 인물들의 블로킹 라인 등에 대해 세밀하게 기술한 내용이다.

• 수평 시차 [Horizontal Parallax]

입체영상을 위해 촬영된 좌 영상과 우 영상이 입체(3D) 비디오 디스플레이에 제시되었을 때 생기는 가로(수평) 방향 기준의 픽셀 차이

• 양안 시차 [Binocular Parallax(disparity)]

3차원 영상에서 왼쪽 눈과 오른쪽 눈에 맺히는 영상의 차이. 우리들의 눈은 가로 방향으로 약 65mm 떨어져서 존재하는데, 이로 인해 나타나게 되는 양안 시차는 입체감의 가장 중요한 요인이 된다. 양안 시차 때문에 사람이 입체감을 느끼고, 이를 이용하여 입체영상을 구현한 텔레비전 방식이 입체 티브이(3DTV)이다.

• 주시각 [Convergence Angle]

① 관찰자의 양안이나 두 대의 카메라에서 물체를 바라보는 직선이 이루는 삼각 시차에 의한 사잇각. ② 관객이 입체영상을 보기 위해 스크린을 주시할 때 두 눈 사이에 생기는

각. 주시각이 클 경우 입체감이 효과적일 수 있지만 지나치게 크면 시각 피로를 유발할 수 있다.

• 과도 발산 [Hyper-Divergence]

입체(3D) 영상의 피사체가 과도한 양의 깊이값(양의 시차)으로 인해 영상을 융합하기가 어려운 경우를 말함. 이 경우 두 눈의 과도한 발산, 즉 외사시(外斜視, wall-eyed)를 필요하게 되며 결과적으로 시각적 불편함 혹은 이중 상(double image)을 유발한다.

• 과도 수렴 [Hyper-Convergence]

입체(3D) 영상의 피사체가 과도한 음의 깊이값(음의 시차)으로 인해 영상을 융합하기가 어려운 경우를 말함. 두 눈의 과도한 수렴, 즉 내사시(內斜視, cross-eyed)를 필요하게 되며 결과적으로 시각적 불편함 혹은 이중 상(double image)을 유발한다.

• 교차 시차 [Crossed Disparity]

좌 영상에 있는 어떤 대상의 수평 위치가 우 영상에서 대응되는 대상의 수평위치보다 우측에 있을 때의 시차. 이 경우, 대상이 화면보다 돌출되어 인식된다. 비교차 시차(uncrossed disparity)와 대비된다.

• 비교차 시차 [Uncrossed Disparity]

좌 영상에 있는 어떤 대상의 수평위치가 우 영상에서 대응되는 대상의 수평위치보다 좌측에 있을 때의 시차. 이 경우, 대상이 화면보다 안으로 들어간 것으로 인식된다. 교차시차(crossed disparity)와 대비된다.

• 수렴 [Vergence]

입체(3D) 디스플레이에서 특정 대상을 향해 두 눈의 시선이 모이는 현상. 수렴은 양안 시차가 시차 융합한계를 초과하여 이중 상(double image)이 경험되는 경우에 단일 상을 지각하기 위하여 발생하는데, 시선이 먼 곳에서 가까운 곳으로 움직이는 경우에는 수렴(convergence)이 발생하고 반대로 시선이 가까운 곳에서 먼 곳으로 움직이는 경우에는 발산(divergence)이 발생한다.

• 프레임 순차 [Frame Sequential]

좌 영상과 우 영상이 해상도 손실 없이 교환 순차 방식으로 나열된 입체(3D) 전용 포맷이다.

• 프레임 호환 [Frame Compatible]
좌 영상과 우 영상이 하나의 영상 프레임 내에서 평면적으로 조합되어 전송되는 입체 티브이(3DTV) 방송 서비스 형식으로 사이드바이사이드(side-by-side) 방식이 있다.

• 서비스 호환 [Service Compatible]
기존 디지털 방송 수신기와 역호환성을 제공하면서 3D 전용 이중 스트림을 전송하는 입체 티브이(3DTV) 방송 서비스 형식을 말한다.

• 로봇 [Robot]
의도한 작업을 수행하기 위해서 어느 정도의 자율성을 가지고 그 환경 내에서 동작하는, 2축 이상으로 프로그램 가능한 구동기구. 로봇은 제어 시스템과 제어 시스템의 인터페이스를 포함한다. 2축 이상이란 산업용 로봇은 물론 서비스 로봇까지를 포함하는 의미를 내포하며, 산업용 로봇과 서비스 로봇의 분류는 의도된 응용에 따라서 결정된다.

• 로봇 공학 [Robotics]
로봇의 설계, 제조 및 응용에 관계되는 공학. 공업 분야를 비롯한 기타 여러 분야에서 로봇을 사용하여 작업을 수행하는 것을 연구한다.

• 로봇 센서 [Robot Sensor]
로봇을 제어하기 위해 내부와 외부의 정보를 얻기 위해 사용되는 센서. 위치 추적용 관성 센서, 위치 파악용 액티브 비컨 시스템, 인식 및 주행을 위한 비전 센서, 거리 측정을 위한 초음파 센서, 감각을 감지할 수 있는 촉각 센서 등이 있다.

• 로봇 제어 시스템 [Robot Control System]
로봇의 기계적 구조를 감시하고 제어할 수 있도록 하고, 주변 장비 또는 사용자와 통신할 수 있도록 하는 논리제어와 동력기능을 갖춘 시스템. 로봇용 제어코드(robot control code)를 이용하여 로봇의 기능을 제어한다.

• 머니퓰레이터 [Manipulator]
인간의 팔과 유사한 동작을 하는 로봇의 기구. 보통 여러 개의 자유도를 가지며 대상물(부품 또는 공구)을 붙잡거나 옮길 목적으로, 서로 상대적인 회전 운동이나 미끄럼 운동을 하는 관절의 연결로 구성된 기구이다. 머니퓰레이터는 운전자, 프로그램이 가능한 전자식 조종 장치(controller) 또는 논리 시스템에 의해 제어되며, 말단 장치를 포함하지 않는다.

• 다관절 로봇 [Articulated Robot]
팔이 3개 이상의 회전 관절을 가지는 로봇. 사람의 어깨, 팔, 팔꿈치, 손목의 관절을 본떠서 만든 로봇으로 사람이 하는 움직임과 비슷하게 움직일 수 있다. 행동이 빠르고 공간도 적게 차지하며 동작범위도 넓어서, 공장 생산 설비의 조립 작업이나 도장(塗裝), 용접 등에 사용한다.

• 병렬 로봇 [Parallel Robot]
팔이 폐쇄 루프 구조형태로 연결되는 로봇. 대표적인 예로 위아래 판에 6개의 링크가 병렬로 구성된 스튜어트 플랫폼(stewart platform)이 있다. 병렬 로봇은 물건을 집어 스케치를 하거나 인쇄 회로기판(PCB: Printed Circuit Board) 등을 조립하는 등 다양한 분야에 맞게 설계되어 사용된다.

• 자율 이동 로봇 [Autonomous Mobile Robot]
인간의 개입 없이, 현재 상태 및 센서값을 기준으로 의도된 일을 수행하는 능력인 자율성을 갖고 이동하는 로봇이다.

• 행동 기반 로봇 [Behavior-Based Robot, BBR]
로봇 작업을 인식·모형화·계획하는 각 기능으로 분산하여 실현하는 구성법과는 대조적으로 기본적인 행동의 상호작용으로 분해하는 구조에 기반을 두어 구성된 로봇이다.

• 분산 자율 로봇 시스템 [Distributed Autonomous Robot System, DARS]
각 로봇이 집중적으로 제어되는 것이 아니고, 각각이 분산된 제어로 움직이는 복수의 로봇 시스템이다.

• 인간-로봇 상호작용 [Human-Robot Interaction, HRI]
작업을 수행하기 위해 인간과 로봇 사이의 사용자 인터페이스(human-robot interface)를 통하여 정보와 동작을 교환하는 것. 음성, 시각, 촉각의 수단을 통해 정보 교환을 한다.

• 인간형 로봇 [Humanoid Robot]

머리 · 몸통 · 팔 · 다리 등 인간의 신체와 유사한 형태를 지니면서, 움직이는 로봇의 일반적 명칭. 인간을 닮았다는 뜻으로 '사람(Human)'과 '~와 같은 것(oid)'의 합성어이다.

• 지능 로봇 [Intelligent Robot]

주변의 환경을 감지하고 외부와 상호작용을 하며, 이에 따라 행동을 변경하여 가며 작업을 수행할 능력이 있는 로봇. 목적이 일정하고 정확하게 주어지면 그것을 달성하기 위하여 필요로 하는 작업, 조작 및 그 실행 순서를 자체의 정보 처리에 따라 도출하고, 그것에 따라서 작업을 하여 목적을 달성한다. 물체를 옮기기 위해 시각 센서를 사용하는 산업용 로봇과 충돌 회피 기능을 보유한 이동 로봇, 고르지 않은 지형 위를 걷는 다리형 로봇 등이 있다.

• 협동 로봇 [Collaborative Robot, Cobot]

인간과의 직접적인 상호작용을 위해 설계된 로봇. 일반 로봇은 다소 자율적으로 움직이도록 만들어졌으나 협동 로봇은 사람이 어떤 작업을 성공적으로 수행할 수 있도록 도와준다. 예를 들어 길을 잃어 방황하거나 수행할 작업을 벗어나 헤매는 사람을 바른길로 안내한다.

• 가사 로봇 [Household Robot]

가정에서 청소, 심부름, 요리 등의 일을 대신하거나 도와주는 기능을 수행하는 로봇. 집 안에서 세탁기나 텔레비전 등과 같은 스마트 가전과 연동하고, 카메라나 센서를 갖추고 있어 사물을 인식한다. 로봇 청소기가 대표적인 예이다.

• 산업용 로봇 [Industrial Robot]

공장의 제조설비 등과 같이 산업 자동화 분야에 이용되는 로봇. 인간의 팔과 유사한 동작을 하는 다목적 머니퓰레이터로 자동 제어되며, 3축 이상으로 프로그램할 수 있고, 고정형과 이동형이 있다. 산업용 로봇은 구동기를 포함한 머니퓰레이터, 교시상자를 포함한 제어기 및 모든 통신 인터페이스(하드웨어와 소프트웨어)를 포함한다. 자동차의 차체에 용접하는 포트 용접 로봇이나 도장 로봇 등이 있다.

• 서비스 로봇 [Service Robot]

산업 자동화 응용을 제외한 나머지 분야에서 인간이나 설비를 위해 유용한 일을 수행하는 로봇. 제품 생산라인에 사용되는 다관절 로봇은 산업용 로봇이나, 음식을 먹도록 도와주는 유사 다관절 로봇은 서비스 로봇이다. 수술 로봇, 재활 로봇, 휠체어 로봇, 청소 로봇, 교육용 로봇 등이 있다.

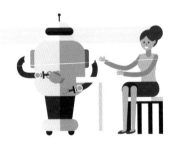

신문 잡지 등 기사자료
- 동아일보 2011. 10. 18 '좁은 창고에서 피어난 혁신의 사과열매' 애플
- 경향신문 2014. 5. 〈직업의 세계〉
- 경향신문 2014. 6. 〈직업의 세계〉
- 조선비즈 2016. 9. 27.
- 중앙시사매거진 2016. 3. 21.
- 중앙일보 2017.12. 05. 한국, ICT 발전지수 2위로 밀려…아이슬란드 1위
- 중앙일보 '직업의 세계 〈19〉 컴퓨터 프로그래머'
- 한국경제 2016. 8. 15. 취임 5주년 앞둔 팀 쿡 애플 CEO

참고 사이트
- 고용노동부 공식 블로그 〈내일을 위한 수다〉 한국고용정보원, 정보통신 분야 직업전망
- 고용노동부 공식블로그
- 고용노동부 워크넷 한국직업사전
- 국가 지표 http://www.index.go.kr/potal/main/EachDtl PageDetail.do?idx_cd=1344
- 네이버 기관단체사전
- 네이버 기업사전
- 데이터 전문가 지식포럼 DBGUIDE.NET – 한국데이터진흥원
- 두산백과 두피디아
- 미래창조과학부 공식블로그 http://blog.naver.com/with_msip/220807947527
- 블로그 https://blog.naver.com/yuparang/14622770
- 블로그 http://ppss.kr/archives/98975#_enliple
- 블로그 https://qjatjr0417.blogspot.kr/2016/09/blog-post_15.html
- 블로그 https://blog.naver.com/amimanera/20189631342
- 블로그 http://www.kimdirector.co.kr/bbs/view.php?id=webplan&no=260
- 블로그 http://m.post.naver.com/viewer/postView.nhn?volumeNo=13458129&memberNo=6761635&vType=VERTICAL
- 블로그 https://blog.naver.com/ewhacism/221195381455
- 사람인베스트. 취업정보 사이트.
- 삼성 SDS 홈페이지
- 위키백과
- 위키백과. ICT
- it 리뷰 블로그
- 사람인–직업사전
- 포항공과대학교(Pohang University of Science and Technology, 浦項工科大學校] – 네이버 지식백과
- 한경 경제용어사전
- 한국정보통신진흥협회 자격검정
- kait 한국정보통신진흥협회 자격검정 https://www.ihd.or.kr/certguidepro.do
- TTA 제2014-2차 정보통신표준용어 / 한국정보통신기술협회

단행본 및 간행물

- 〈기업을 바꾼 10대 정보시스템〉 커뮤니케이션북스
- 〈국내 정보보호산업 실태조사 2015〉 한국인터넷산업진흥원
- 〈빅데이터 산업의 부상 및 시사점〉 산은조사월보
- 〈정보통신 산업의 진흥에 관한 2015 연차 보고서〉 미래창조과학부
- 〈창조경제 패러다임과 ICT 정책방향〉 한국인터넷진흥원
- 〈한반도 르네상스 구현을 위한 vip 리포트〉 현대경제연구원
- 〈ICT 기술과 사회의 미래를 묻는 방법, 디지털 사회혁신(Digital Social Innovation)〉 서울디지털재단
- 〈ICT 창조경제 정책의 이해〉 커뮤니케이션북스
- 〈SW업체 삼성 SDS의 기구한 운명〉 ZDNET KOREA
- 〈2014년 전국사업체조사〉 통계청
- 〈2015 + ICT 실태조사〉 한국정보통신진흥협회
- 〈2016 중장기 인력수급 수정전망 2015~2025〉 한국고용정보원
- 〈2016년 가상현실(VR) 시장 현황과 전망〉 정보통신방송정책

20p
전자신문
www.nextdaily.co.kr/news/article.html?id=20090903
800009

22p
애플사
www.apple.com

23p
네이버 지식백과
http://terms.naver.com/entry.nhn?docId=3581807&
cid=55589&categoryId=55589

23p
마이크로소프트
www.microsoft.com

24p
네이버 지식백과
http://terms.naver.com/entry.nhn?docId=3579643&
cid=59086&categoryId=59090

25p
구글
www.google.com

26p
구글이미지
www.google.com

27p
알리바바
www.alibaba.com

29p
삼성 SDS
www.samsungsds.com

30p
LG CNS
www.jobplanet.co.kr/companies/63859/info/%EC%9
7%98%EC%A7%80%EC%94%A8%EC%97%94%EC%
97%90%EC%8A%A4

34p
IBM
www.ibm.com

35p
전자신문
www.etnews.com/20160309000209

51p
pedemonteasoc.com
www.pedemonteasoc.com.ar/la-importancia-de-
contar-con-jovenes-empresarios

55p
호스트웨이
www.hostway.co.kr

56p
네이버캐스트
http://terms.naver.com/entry.nhn?docId=3570778&
cid=59088&categoryId=59096

10대를 위한

직장의 세계 ❶ ICT

초판 1쇄 발행   2018년 7월 25일
       2쇄 발행   2019년 1월 25일

저   자 | 스토리텔링연구소
발 행 인 | 신재석
발 행 처 | (주)삼양미디어
등록번호 | 제10-2285호
주   소 | 서울시 마포구 양화로 6길 9-28
전   화 | 02-335-3030
팩   스 | 02-335-2070
홈페이지 | www.samyang**M**.com
I S B N | 978-89-5897-359-1(44370)
         978-89-5897-355-3(44370)(6권 세트)